역주 관해유고

임회 지음   임동철 역주

지식과교양

임회林檜와 『관해유고觀海遺稿』

　　임회林檜 1562~1624는 본관이 평택平澤으로 자는 공직公直, 호는 관해觀海이다. 고려 말 충정공忠貞公 평성부원군平城府院君 언수彦脩가 8세조이며, 충간공忠簡公 성미成味가 7세조이다. 조선에 와서 절충장군折衝將軍으로 상장군上將軍을 지낸 상양尙陽이 6세조이며, 사온서司醞署 직장直長을 지낸 5세조 첨襜이 상배喪配 후 형제를 데리고 처가가 있는 나주로 이거하면서 나주가 세거지가 되었다. 고조 종직從直은 충청도수군우후忠淸道水軍虞侯를 지냈으며, 증조 만근萬根은 예빈시禮賓寺 첨정僉正으로 이조참판의 증직을 받았고, 북도병마절도사北道兵馬節度使를 지낸 준畯이 조부이다. 준畯은 네 분의 아드님을 두었는데, 장자長子 원수元秀는 진사이며, 차자次子 형수亨秀는 제주목사로 을사사화에 피화되고 이조참판의 증직을 받았고, 삼남三男 정수貞秀는 청양현감靑陽縣監으로 승지의 증직을 받았고, 계자季子 길수吉秀는 예조좌랑이다. 정수貞秀가 전의 이씨全義李氏 현감 진남震男의 따님에게 장가들어 임술년(명종 17)에 임회를 낳았는데 계부季父 길수吉秀의 사자嗣子로 출계하였다. 백형伯兄은 구성부사龜城府使를 지낸 임식林植[1]

---

[1] 임식의 『松坡遺稿』는 충북대학교 우암연구소의 학술총서로 발간하였다. 『역주 송파유고』, 충북대학교 출판부, 2010.

이고 중형仲兄은 임집林楫이다.

임회는 1562년(명종 17) 전라도 나주 송현松峴에서 태어났다. 6세에 처음으로 글을 배웠고, 8세에 백형 송파공松坡公을 따라 글을 읽기 시작하더니, 총명함이 남보다 뛰어나 문장이 날로 진취하여 과장科場에서 영예를 독차지하였으나, 조급하게 여기지 않았다.

1582년(선조 15)에 성균 진사가 되었으나, 이듬해 계미년에 생모 이 부인의 상사를 만났다. 기년朞年 상을 마치기 전에 생부 승지공께서 기세棄世하시는 불운을 겪게 되었는데, 역시 미필未畢 탈상脫喪에 부친 좌랑공께서 연관捐館하시니, 7년 동안 거상居喪의 몸으로 예를 행하기를 하루같이 하여 거의 탈진脫盡할 지경이었으나, 상례喪禮는 물론, 상제喪祭에 누루함이 없었다.

1590년(선조 23) 복을 벗은 후 29세에 송강松江 정철鄭澈의 따님과 혼인하였다. 부인 영일 정씨迎日鄭氏는 아버지 정철과 어머니 문화 유씨文化柳氏의 사남삼녀四男三女 중 막내 따님으로 1563년(명종 18)에 태어났다. 그 전에 승지공이 송강과 더불어 혼약을 하였는데, 연관 후에도 변치 않고 8년 만에 혼사를 이루니, 양가의 굳은 신의에 사람들이 모두 탄복하였다고 한다. 송강 정철은 1545년 셋째 매형인 계림군桂林君 이유李瑠가 을사사화乙巳士禍에 연루되어 화를 당하자, 공의 집안도 연좌되어 부친을 따라 귀양지를 전전하다가 1551년(명종 6) 부친이 석방되자 조부 정위鄭潙의 묘가 있는 창평昌平으로 내려왔다. 그곳에서 그는 마침 사화 이후 낙향하여 1548년부터 순창淳昌에 우거하며 성리학 연구에 전념하던 하서河西 김인후金麟厚 1510~1560를 만나게 되어 학업을 닦으며 그의 제자가 되었다. 김인후는 승지공의 중형仲兄 금호 임형수[2]와는 동년同年으로 교분이 매우 두터웠고, 이때는 승지공 역시 1547년 벽서의 변 때 가문이 화를 입어, 고향에서 수신제가의 도에 치력致力하던 때라, 김인후의 문하를 자주 왕래하면서 도의道義를 다졌고, 이것이 인연이 되어 훗날 자연스럽게 두 집안은 혼인을 약속하게 되었던 것이다. 1591년(선조 24) 송강 정철은 건저建儲 문제로 파직되어 강계江界에 유배되어 있었다. 이때 임회가 강계에 있는 장인을 찾아뵈었을 때 송강이 사위 임회와 작별하며 준 〈별임서회別林壻檜〉가 『송강집松江集』에 수록되어 있다.[3]

1593년(선조 26)에 양모養母 노부인魯夫人이 세상을 버리니, 때는 왜란을 당한 뒤라 모든 일이 어려웠지만, 초상을 치르는 예를 스스로 다하여 유감이 없게 하였다. 상을 마치고는 신주를 모시고 해서海西로 피난하여 수양산首陽山 아래에 우거를 정하였다. 이때는 송강이 이미 서거하고, 당시의 여론이 크게 변하여서 과거 보는 일을 단념하고 시골에 살면서 시주詩酒로 낙을 삼고 지냈다.

1611년(광해군 3)에 비로소 대과에 급제하니 나이 50이라, 예에 따라 성균관 전적으로 제수되었다. 이때는 송강 사후 관작의 추탈과 정인홍鄭仁弘의 추무追誣를 다 겪고 1609년(광해군 1) 송강의 둘째 아들 종명宗溟이 상소하여 원통함을 호소하면서 장인 송강선생의 관작 복직을

---

2 임형수의 『錦湖遺稿』도 역주본을 발간하였다. 『역주 금호유고』, 충북대학교 출판부, 2011.
3 『松江原集』권1 〈別林壻檜〉. "북옥(北獄)에서 술 마시는 나그네, 동상(東床)에서 배 깔고 누운 사람이라. 숲 사이 지는 해를 마주하고서, 취한 뒤라 그 모습 천진하여라.[北獄銜杯客, 東床坦腹人. 林間對落日, 醉後見天眞.]" 이 밖에도 『송강집』에는 정철이 좌랑공 길수에게 준 시 2편이 있다.

꾀하려던 때이므로, 비로소 벼슬길에 나아갈 수 있었다. 그러나 정인홍·이이첨李爾瞻이 만방으로 중상하므로 더 이상 세상에 뜻이 없어 다시 황해도의 옛집으로 돌아가 관해觀海라 자호自號하고 자연을 벗 삼아 세월을 보냈다.

　1613년(광해군 5)에 다시 전적에 임명되어 치제관致祭官의 임무를 띠고 장연長淵에 갔는데, 마침 무고옥誣告獄이 크게 일어나 이이첨이 억지로 죄안을 만들어 양산梁山으로 유배 갔다. 유배생활을 한 지 10년이 지난 1623년(인조 1)에 인조반정이 일어나자 해배解配되어 예조좌랑에 제수되고, 다시 군기시 첨정으로 전직되었다. 당시 조정에서 남한산성을 수축하여 보장할 곳으로 하자는 논의가 일었으나, 적임자를 얻기 어려웠던 차에 상촌象村 신흠申欽이 제일 먼저 공을 추천하여 광주목사廣州牧使가 되니 마음을 다하여 계획을 수립하고, 모든 일을 질서 있게 조치하였다. 이 해에 사계沙溪 김장생金長生이 송강의 억울함을 해명하고, 또 이듬해 아들 종명이 상소하여 관작을 복구하니, 임회의 출사出仕와 양산으로의 유배, 그리고 해배가 모두 장인 송강선생 사후의 고난과 무관하지 않다고 하겠다.

　1624년(인조 2) 봄에 역적 이괄李适이 반란을 일으키니, 온 나라 안이 흔들리고 백성들은 두려워하였다. 임회는 수하에 관할하는 군병이 없어 부로父老들을 모아 놓고 대의로 타일러 민병民兵 수백 명을 모았다. 적이 물밀 듯이 서울을 침범하니 임금이 남쪽으로 피란을 가게 되었고, 마침 안현鞍峴 전투에서 패하여 달아나는 적을 경안역慶安驛 다리에서 만났으나, 싸움도 제대로 하지 못하고 무너졌다. 적군에게 잡혀서도 소리를 지르며 꾸짖다 결국 죽음을 맞으니, 향년 63세였다. 죽은 지 며칠이 지나도 얼굴 모습이 변하지 않고 늠름하게 생기가 있었다

한다. 부서가 임금 계신 곳에 알려지자, 임금이 놀라고 슬퍼하면서 유사에게 명하여 정려를 내렸다. 상여를 호송하여 보내 그해 5월에 순천의 북쪽 모후산 건좌의 언덕에 장례를 치렀다.[4]

임회의 위인爲人에 대해서는 김수항金壽恒이 쓴 〈관해임공행적觀海林公行蹟〉에 자세하다. 가정에서 효우孝友의 도리를 다하는 임회의 모습은, 7년 동안 상주의 몸으로 있으면서도 하루같이 예를 다하는 모습과, 귀양을 가면서도 아침저녁으로 신주를 뵈며 선조를 받드는 모습에서 능히 짐작할 수 있다. 또한 평생 악한 자를 미워하는 모습은, 50의 나이에 문과에 올라 영광스럽게 집으로 돌아오던 날, 그와 한마을에 살던 김우성金佑成이 옛 친구의 의로 찾아와 축하하였지만, 그가 못된 사람의 당에 들어가 흉한 행동을 하는 사람이었기에 한 마디의 말도 건네지 않았던 모습에서, 의기義氣를 중히 여기는 모습을 엿볼 수 있다. 결국 이 일로 김우성이 유감을 품어 중상하였고, 그 후 세상에 뜻이 없어 다시 황해도의 옛집으로 돌아가 세월을 보냈지만, 그의 기절氣節을 꺾을 수는 없었다. 이러한 모습은 이괄의 난 때 경안역에서 적을 만났지만 죽음 앞에서 조금의 두려움도 없이 적을 맹렬히 꾸짖는 모습에서 더욱 확연히 드러난다.

임회는 천품이 준결하고 기상이 호협하였다. 또한 높은 가문에서 태어나 금호공錦湖公을 중부로, 송파공松坡公을 형으로 모셨으니, 가정에서 받은 훈습薰襲은 말하지 않아도 가히 상상할 수 있다. 국가가 위난을 당하였을 때에는 태양을 꿰뚫는 충성을 세우고야 말았으며, 가슴에 뿌리박힌 절의도 구김 없이 보였다. 한편 〈제수은강태초항문祭睡隱姜

---

[4] 나주 정렬사(旌烈祠)와 광주 등림사(登臨祠)에 제향되었다.

太初沆文)에 "순수하고 정직한 사람은 남에게 미움을 사고, 탐욕하고 음흉한 자는 남들이 좋아한다. 미워하기 때문에 비방받아 억눌려서 세상에 발을 못 붙이게 되고, 좋아하기 때문에 꾸미고 추어올려서 세상에 출세를 시켜 좋은 수레에 빛나는 일산을 받쳐 광채가 눈부시다. 마을에서 부러워하고 길거리에서 뽐내고 다니니, 아! 착한 사람이 세상 살기란 큰 곤액困厄이라." 하였으니 말세를 통한한 깊은 뜻을 짐작할 수 있다.

임회가 교유했던 인물들은 모두 당대의 명사들이었다. 조선 중기 한문사대가漢文四大家의 한 사람이었던 월사月沙 이정귀李廷龜는 일찍이 두 아들로 하여금 임회에게 나아가 공부하게 한 일이 있었고, 이안눌李安訥과 함께 시사詩社를 만들어 교유하며 당대 최고의 시인으로 꼽혔던 석주石洲 권필權韠은 그의 장인의 묘문을 청하면서 "그대와 나는 함께 세상에서 문장을 잘한다고 칭찬하는데 말을 공정하게 하여 세인의 현혹을 깨어주기"를 부탁하였으니, 당시 제공들이 추허한 바를 엿볼 수 있다. 특히 권필은 임회의 장인인 송강 정철의 문인으로, 이안눌과 함께 1591년(선조 24) 강계江界에 귀양 가 있던 정철을 찾은 바 있고 평소 관해와의 교분도 매우 깊었다. 이 밖에 윤계선尹繼善 1577~1604·심열沈悅 1569~1646·임숙영任叔英 1576~1623에게 준 시가 있어 이들과의 교유를 짐작하게 하니, 이들 모두 문신이요 학자이며 당시 뛰어난 시인이요 문장가들이다.

한편 문집에는 동래부사였던 윤현세尹顯世, 임진왜란과 정유재란 때 공을 세웠던 백현룡白見龍 1543~1622, 임진왜란 때 호남지방에서 의병을 일으켰던 조익趙翊 1556~1613, 정유재란이 일어나자 의병 수백 인을 모아 싸우다 포로가 되어 일본으로 압송되었다가 귀국한 강항姜沆 1567~1618과

관련된 시문이 있으니, 이들은 모두 충렬忠烈과 의기義氣의 인물들이다.

임회의 시문은 대부분 계축년(1613)의 화를 당하던 때에 잃어버렸다. 다만 유배생활을 하면서 읊은 시와 세상에 흘러 전한 것을 얻어 보관하였다가, 광주목사 이민서李敏敍의 협조를 받아 1677년 광주에서 목판으로 초간본『금호유고錦湖遺稿』1책을 간행할 때『관해유고』를 뒤에 부쳤다. 그 뒤 1907년 송파공 임식의 후손 임상희林相熙가 광주 교당校堂에 보관되어 있던 구판舊板을 집으로 옮겨와, 잔결殘缺된 부분을 보충하여 목판으로 중간본『금호유고』건·곤 2책을 낼 때, 임회의『관해유고』를『금호유고』곤책坤冊에 부집附集하였다. 이와 관련한 내용은 1907년 기우만奇宇萬이 쓴 〈금호유고중간서錦湖遺稿重刊序〉와 1681년 송시열이 쓴 〈금호유고발錦湖遺稿跋〉, 1678년 이민서가 쓴 〈관해유고발觀海遺稿跋〉에 상세하다.

이 역주본의 국역 대본은 중간본『금호유고』의 부집附集인『관해유고』이다.

『역주 관해유고』는 원집과 부록으로 되어 있다.

원집에는 시 53제, 잡저 4편이 실려 있다. 시는 오언절구·칠언절구·오언율시·칠언율시·오언고시·칠언고시의 순으로 편차되어 있다. 다음으로 풍암정楓巖亭 제영시題詠詩 11수와 〈유풍암기遊楓巖記〉 1편을 부록하였다.[5] 풍암정은 서석산瑞石山(무등산) 남쪽에 있는 정자로, 임진왜란 때의 의병장 풍암楓巖 김덕보金德普 1571~1627가 지었다. 김덕보는 임회와 가까이 지냈고, 형 임식과도 교분이 두터워 두 형제가 모두 제영시를 남겼다. 이 밖에 김덕보·정홍명鄭弘溟·안방준安邦俊·임억령林億齡·고경명高敬命·

---

5 풍암정 제영시와 〈유풍암기〉는『觀海遺稿』에는 없는 부분이다. 역주본을 발간하면서 찾아 실었다.

이안눌의 제영시도 참고 자료로 소개하였다. 특히 김덕보·정홍명·안방준 세 사람은 매우 가까운 벗으로, 풍암정에서 자주 어울렸을 것으로 짐작된다. 제영시 뒤에 부친 〈유풍암기〉는 임회의 처남 정홍명의 작품인데, 유기遊記의 형식을 띠면서도 풍암정의 내력을 소상히 밝히고 있다.

잡저는 〈소요각기道遙閣記〉·〈제수은강태초항문祭睡隱姜太初沆文〉·〈처사김공대성묘갈명處士金公大成墓碣銘〉·〈처사송공제민묘지處士宋公齊民墓誌〉 등 4편이다. 이 중 〈소요각기〉는 윤계선이 경북 영천의 수령으로 나간 이듬해 관아의 남쪽에 건물을 세워 '소요각'이라 명명하고, 관해에게 기문記文을 청했을 때 써준 것이고, 〈제수은강태초항문〉은 1618년 양산에서 유배객의 신분으로 있을 때, 평생의 지기로 충의와 절의가 뛰어났던 강항姜沆의 상고喪故를 듣고 지은 제문이다. 〈처사김공대성묘갈명〉은 명가의 자손으로 태어나 과업에 종사하지 않고, 비록 무예가 있었으나 겸양하여 드러내지 않고, 처사로 지내며 효제에 힘썼던 김대성金大成의 묘갈명이며, 〈처사송공제민묘지〉는 조선 중기의 학자이자 의병장인 송제민宋齊民 1549~1601의 지문이다. 임회와 송제민은 나이를 따지지 않는 지기知己였으며, 또 송제민은 권필의 장인인지라 특별히 권필의 부탁으로 그의 지문을 짓게 된 것이다.

부록은 문집에 있는 김수항金壽恒의 〈관해임공행적〉과 이 밖에 정실鄭宲이 지은 〈관해임공묘지명병서觀海林公墓誌銘并序〉, 김헌태金憲泰가 쓴 〈증이조참판관해임공신도비명병서贈吏曹參判觀海林公神道碑銘并序〉, 이가원李家源이 쓴 〈광주목사증이조참판관해임공묘갈명병서廣州牧使贈吏曹參判觀海林公墓碣銘并序〉를 추가하였다.

책의 말미에 이민서李敏敍의 발문跋文을 실었다.

임회의 시문은 현재 약간 편만 남아 있다. 당대의 걸출한 시인이나 문장가들과 교유했던 사실을 볼 때, 그의 시문 전부를 다 보지 못하는 안타까움이 있으나, 그의 유집 한 권이 세상에 간포되어 일부라도 대할 수 있음은 매우 다행한 일이다.

관해의 시문은 호매하면서도 순하고 고와 세속의 난삽한 형태를 끊어버리니, 문예를 숭상하는 사람들이 추존하여 허여함이 많았다. 문집에는 당시 동악시단東岳詩壇을 결성하여 권필·윤근수尹根壽·이호민李好閔과 교유하며 4천여 수가 넘는 시를 남겼던 당대 최고의 시인 동악東岳 이안눌의 시에 차운한 〈차이자민안눌운증문혜사次李子敏安訥韻贈文慧師〉를 비롯하여, 관해가 스스로 문장에 있어서라면 양형楊炯·왕발王勃·노조린盧照鄰과 그 우열을 다툰다며 칭찬했던 윤계선에게 준 〈기윤이술寄尹而述〉, 어려서부터 시를 잘 지었고 고문에 힘썼으며 중국 육조六朝의 사륙문四六文에 뛰어났던 소암疎菴 임숙영과의 교류 관계를 살필 수 있는 〈기소암임무숙寄疎菴任茂叔〉·〈소암래영남여제공수창유작내차기운疎菴來嶺南與諸公酬唱有作乃次其韻〉 등이 있다. 이처럼 임회는 당시 문단에서 내로라하는 명망 있는 인사들과 폭넓은 교유를 하였던 것으로 여겨지는데, 이들과 주고받은 시문을 더 많이 볼 수 없는 것이 못내 아쉽다.

현재 남아 있는 관해의 시 중에는 양산 유배시절에 지은 것이 많다. 다음은 〈차성헌백장운次惺軒白丈韻〉이다.

> 문장은 다함이 없는 큰 강의 흐름과 같은데
> 인간 세상의 존망은 한때라.
> 술잔 앞에서 옛일을 슬퍼하지 말라
> 눈앞의 영고성쇠 모두 걱정거리인 것을.

文章不廢大江流, 人世存亡又一秋.
莫向樽前悲舊事, 眼中榮落摠堪愁.

위 시는 성헌惺軒 백현룡白見龍의 시에 차운한 것이다. 1617년 관해가 양산에서 유배 중일 때 백현룡이 찾아와 그와 함께 쌍벽헌雙碧軒에서 술을 마시다가 벽 위에 있는 조익趙翊의 시구를 보고 지은 것이다. 조익은 관해와 같은 해에 급제한 친구이고, 백현룡은 조익이 양산의 수령으로 있을 때 방문하여 몇 달을 머물고 갔었다. 두 사람 모두 옛일이 생각나고 그리운 마음이 있어 시를 지은 것이다. 이때는 조익이 죽은 지 이미 4년이라 인간의 존망存亡에 대한 슬픈 생각도 나고, 더욱 관해는 유배객의 처지인지라 영락榮落에 대한 우울한 감회가 있을 수밖에 없다. 이러한 그의 심회가 2, 4구의 '存亡又一秋'와 '榮落摠堪愁'에 드러나 있다.

이 밖에 〈초추독음初秋獨吟〉·〈교거독좌僑居獨坐〉·〈중소문두견中宵聞杜鵑〉이 모두 적소에서의 고달픔과 외로움을 표출한 것이며, 〈곡최덕여哭崔德輿〉·〈강상차박응휴운江上次朴應休韻〉·〈지월념일일견심학이서至月念一日見沈學而書〉·〈화기담호진여욱和寄湛湖陳汝郁〉·〈답심덕현김거비지수이시상화록기答沈德顯金去非地粹以詩相和錄寄〉·〈송윤현세질만환경送尹顯世秩滿還京〉·〈기금리삼유자寄錦里三猶子〉은 모두 양산 유배시절에 최홍재崔弘載·심열沈悅·진경문陳景文·심광세沈光世·김지수金地粹 등 가까운 친구나 조카들을 생각하며 지은 것인데, 벗들에 대한 그리움과 자유롭지 못한 몸으로 쉬 고향으로 돌아갈 꿈을 꾸지 못하는 우울한 심회를 드러내었다.

다음은 〈소요각기逍遙閣記〉의 일부이다.

대저 속에 터득한 바가 있으면 밖으로 사모하는 것이 없고, 밖으로 사모하는 것이 없으면 즐거움이 온전한 바가 있는 것이다. 오직 즐거움이 온전한 바가 있은 연후에라야 능히 마음 내키는 대로 하면서 여유 있게 거닐 수가 있는 것이니, 소요라는 것은 곧 여유 있게 거니는 것을 말하는 것이다. 옛날에 장주莊周가 능히 여유 있게 자적하였으니 대붕大鵬으로 그 큰 것을 비유하고, 박새[斥鷃]로 그 작은 것을 비유하고, 일찍 죽는 것은 아침에 나는 버섯 같은 것이 있고, 오래 사는 것은 대춘大椿이란 나무가 있으니, 모두 하늘의 이치를 터득하여 작고 크고, 오래 살고 일찍 죽는 이치에 자적한 것이다. 요·순·우·탕왕의 천하에 대해서와 공자·맹자·정자·주자의 도학에 대해서와 굴원屈原·가의賈誼의 충분과 한유韓愈·유종원柳宗元의 문장은, 모두 스스로 그에 맞는 도리에 여유 있게 자적하면서 다른 것을 사모할 여유가 없는 것이다.

위 글은 윤계선이 소요각을 짓고 기문을 청했을 때 써 준 글이다. 기문에 의하면 '소요'는 속에 터득한 바가 있어 외물外物을 사모함이 없고, 오직 즐거움이 온전한 바가 있을 때 말할 수 있는 것이라고 하였다. 그리하여 장주는 작고 크고, 오래 살고 일찍 죽는 것[小大壽夭]에, 요·순·우·탕왕은 천하天下에, 공자·맹자·정자·주자는 도학道學에, 굴원과 가의는 충분忠憤에, 한유와 유종원은 문장文章에 자적하여서 다른 것을 사모할 여유가 없었다는 것이다. 그런데 윤이술尹而述 또한 문장으로 간쟁諫諍으로 정치로 소요 자적한 것이니, 귀천과 영욕·득실·진퇴에 소요 자적하였다고 하였다. 이술이 소요각을 거닐 때 부유蜉蝣처럼 구하는 바를 알지 못하고, 미치광이처럼 좋아하면서 떠날 줄을 알지 못하여, 득실을 같이 보고 화복을 잊으면서 천지 사이에 다시 무슨 즐거움이 이것을 대신하는지 알지 못하니, 이술은 소요에 대하여 다 터득하였다고 말할 만하다는 것이다. 그런데 정작 이 기문의 앞부분에는, 윤이술이 꼭 자신의 붓을 빌어 기문을 쓰게 한 것은, "내가 세상 밖에 거닐면서 소요하는 즐거움에 터득한 것이 있어 이를 발휘하게 하려함이 아닌가 싶었다." 라고 하여, 임회 스스로 '소요의 즐거움을 터득한 사람'이라 자평하였다. 그래서일까, 임회는 〈초추독음初秋獨吟〉에서 자신의 험난한 유배생활을 사마천의 장유壯遊에 빗대어 얘기하는 호기豪氣도 보인다. 그리하여 임회의 고결한 시격詩格과 호방한 문장은 읽는 사람의 마음을 쇄연灑然하게 한다.

2012년 6월

林東喆

차례

임회林檜와 『관해유고觀海遺稿』　3

 관해유고

● 오언절구 五言絶句

사흠에게 주다 贈士欽　24
경백의 〈路上相待〉 시에 차운하다 次慶伯路上相待韻　25
작별하는 사람에게 주다 贈別　26

● 칠언절구 七言絶句

꿈속에 읊다 夢吟　28
먼 곳에 부치다 寄遠　29
가을 새벽에 바다 속의 산을 보다 秋曉觀海山　30
이자민 안눌의 시에 차운하여 문혜 스님에게 주다
次李子敏安訥韻, 贈文慧師　31

인섬 스님이 설날에 산에서 내려와 시를 지어 달라는 부탁을 받고
그 시에 차운하여 주다 次贈印暹師新正下山乞句   32
허거원이 서울에서 부쳐준 시에 차운하여 답하다
次謝許巨源自京寄詩   33
시를 부탁한 스님의 시축에 쓰다 題乞詩僧軸   34
통도사에서 병으로 머물다가 경선 스님의 시축에 쓰다
通度寺淹病, 書敬禪上人軸   35
호남으로 가는 윤기를 보내며 送尹生曁還湖南   37
성헌 백장의 시에 차운하다 次惺軒白丈韻   38
옛 절에서 쓰다 題古寺   40
성동에 우거하며 寓居城東   41
죽오당에서 벽 위에 걸린 시에 차운하여 읊다 竹梧堂, 口呼次壁上韻   42

● 오언율시 五言律詩

봄날에 권시망에게 부치다. 2수 春日, 寄權時望   46
경일 사미승에게 주다 贈敬一沙彌   48
최덕여를 조문하다 哭崔德輿   49
가을날에 민사상 성징을 그리워하며 秋日, 憶閔士尙聖徵   52
제공들과 함께 저물녘에 산사로 향하다 同諸公, 暮向山寺   54
연강 오자영 대중에게 부치다 寄蓮江吳子英大中   55
윤이술에게 부치다 寄尹而述   56

● 칠언율시 七言律詩

서울로 가는 휘서를 보내며 送輝瑞還京   60
황산의 우정에서 쓰다 題黃山郵亭   61
강가에서 박응휴의 시에 차운하다 江上, 次朴應休韻   62

동짓달 이십일일에 심학이의 편지를 보고 至月念一日, 見沈學而書 63
구일에 최·윤 두 노인과 함께 성남의 작은 동산에 오르다
　九日, 共崔尹二老, 登城南小麓 65
담호 진여욱 경문의 시에 화운하여 부치다 和寄郯湖陳汝郁景文 66
손금교의 시에 차운하여 경일 사미승에게 주다
　次孫琴郊韻, 贈敬一沙彌 67
청학 스님에게 주다 贈淸學上人 68
시로 주고받은 것을 기록하여 심덕현·김거비 지수에게 답하여 보내다
　答沈德顯金去非地粹以詩相和錄寄 69
거문고를 타는 여인에게 주다 贈琴娘 71
작은 집을 지으려 하다 擬建小堂 72
장마 속에 성덕부에게 부치다 霖雨, 寄成德夫 73
신정에 동래부사 윤현세에게 부치다 新正, 寄萊伯尹顯世 74
동래부사에게 부치다 寄萊伯 75
임기가 만료되어 서울로 가는 윤현세를 보내며 送尹顯世秩滿還京 77
촉석루를 지나며 過矗石樓 78
팔량현을 지나며 過八良峴 80
소암 임무숙 숙영에게 부치다 寄疎菴任茂叔叔英 81
금리에 사는 세 조카에게 부치다 寄錦里三猶子 83
소암이 영남에 와서 여러 사람과 함께 지은 시가 있어 그 시에 차운
하다 疎菴來嶺南, 與諸公酬唱有作, 乃次其韻 84
초가을에 홀로 읊다 初秋獨吟 86
바닷가 산의 봉우리에 올라 登海山絶頂 87
몰운대에 올라 登沒雲臺 88
용당 뒤 바위 위에 저물녘에 앉아 龍堂後巖上暮坐 89
임시 거처에서 홀로 앉아 僑居獨坐 90
밤중에 두견새 소리를 듣다 中宵聞杜鵑 91
풍영정에서 벽 위에 있는 시에 차운하다 風詠亭, 次壁上韻 93

● 오언고시 五言古詩

신만호의 만장 挽申萬戶　96
수재 박원기에게 부치다 寄朴秀才遠基　101

● 칠언고시 七言古詩

「고검」편을 지어 좌수백에 부쳐 표구하기를 바라다
古劍篇, 寄左水伯, 乞裝　104

● 풍암정 제영 楓巖亭 題詠　111

● 잡저 雜著

소요각기 逍遙閣記　130
수은 태초 강항의 제문 祭睡隱姜太初沆文　136
처사 김대성 묘갈명 處士金公大成墓碣銘　142
처사 송제민 묘지 處士宋公齊民墓誌　147

관해유고 부록

관해임공행적 觀海林公行蹟　156
관해임공묘지명 병서 觀海林公墓誌銘 並序　165
증이조참판관해임공신도비명 병서
贈吏曹參判觀海林公神道碑銘 並序　173
광주목사증이조참판관해임공묘갈명 병서
廣州牧使贈吏曹參判觀海林公墓碣銘 幷序　182

- 관해유고발 觀海遺稿跋　　189

관해유고 영인

| 일러두기 |

1. 이 책의 국역 대본은 林相熙가 간행한 중간본 『錦湖遺稿』의 부집(附集) 『觀海遺稿』를 저본으로 하였다.
2. 국역은 가능한 한 직역을 원칙으로 하되, 직역으로 뜻이 통하지 않은 경우 의역도 하였다.
3. 국역을 앞에 싣고, 원문을 뒤에 첨부하는 것으로 하였다.
4. 원문에는 독자의 편의를 위해 표점을 찍고, 인명·지명·연호 등에는 밑줄을 그어 표시하였다.
5. 한자는 이해를 돕기 위하여 병기하였다.

관해유고

오언절구

贈士欽
次慶伯路上相待韻
贈別

사흠士欽에게 주다
贈士欽

시냇물은 차가워 옥 소리 울리는 듯하고
소나무의 바람은 멀리서 물결을 보내오네.
승방의 하룻밤 이야기에
등불이 다 되어 다시 심지를 돋우었네.

澗水鳴寒玉,　松風送遠濤.
禪窓一夜話,　燈盡更須挑.

경백慶伯의 〈路上相待〉 시에 차운하다
次慶伯路上相待韻

어제 시냇가 마을에서 작별하니
오늘 아침에 눈물이 옷에 가득하였네.
차가운 비를 맞으며
홀로 초강으로 가는 것을 어찌 견뎌낼까.

昨日溪村別,　今朝淚滿衣.
那堪寒雨裡,　獨向楚江歸.

작별하는 사람에게 주다
贈別

옛 나루에 차가운 조수는 가득한데
빈산에는 가랑비만 내리네.
서로 보면서 차마 작별을 못하고
손을 잡으니 눈물이 잔을 적시네.

古渡寒潮滿,　空山細雨來.
相看不忍別,　携手淚沾盃.

칠언절구

夢吟
寄遠
秋曉觀海山
次李子敏安訥韻, 贈文慧師
次贈印暹師新正下山乞句
次謝許巨源自京寄詩
題乞詩僧軸
通度寺淹病, 書敬禪上人軸
送尹生曁還湖南
次惺軒白丈韻
題古寺
寓居城東
竹梧堂, 口呼次璧上韻

꿈속에 읊다 조지세趙持世의 복직을 들었다
夢吟 聞趙持世[1]收敍

어젯밤 창 앞에 바람과 우렛소리 나더니
선잠을 깨니 못 가운데 연꽃 반은 피었네.
다만 큰 소나무 꺾인 곳에
푸른 수염 흰 껍질 늙은 용이 넘어졌네.

窓前昨夜響風雷,　　夢覺池荷半倒開.
只有長松摧折處,　　蒼鬐白甲老龍頹.

1 조지세: 조위한(趙緯韓 1567~1649)으로 조선 중기의 문신이다. 본관은 한양(漢陽). 자는 지세(持世), 호는 현곡(玄谷). 참판 방언(邦彦)의 증손으로, 양정(揚庭)의 아들이다. 유한(維韓)의 아우이며 찬한(纘韓)의 형이다. 1592년(선조 25) 임진왜란이 일어났을 때는 김덕령(金德齡)을 따라 종군하였으며, 1601년 사마시를 거쳐 1609년(광해군 1) 증광문과에 갑과로 급제, 주부(主簿)·감찰 등을 지냈다. 1613년 국구(國舅) 김제남(金悌男)의 무옥(誣獄)에 연좌되어 여러 조신들과 함께 구금되었다. 1623년 인조반정으로 재등용되어 사성에 제수되었다가, 상의원정을 거쳐 장령·집의에 제수되고 호당(湖堂)에 뽑혔다. 1624년(인조 2) 이괄(李适)이 난을 일으키자 토벌에 참여, 경사(京師)를 지켰으며, 정묘·병자호란 때에도 출전하였다. 그 뒤 동부승지·직제학을 지내고, 벼슬이 공조참관에 이르렀으며, 80세에 자헌대부에 오르고 지중추부사(知中樞府事)를 지냈다. 글과 글씨에 뛰어났으며 해학(諧謔)에도 능하였다.

먼 곳에 부치다
寄遠

산 주막 외로운 연기 가는 실이 흩어진 듯
들 못가 가을 물속 차가운 고기 노니네.
석양을 다 보내고 새달을 맞으니
사람은 보이지 않고 소와 양만 보이네.

山店孤烟分細縷,　野塘秋水起寒鱗.
夕陽送盡迎新月,　只見牛羊不見人.

가을 새벽에 바다 속의 산을 보다
秋曉觀海山

나는 듯한 봉우리 북으로부터 와서
바다의 파도를 헤치고 중천에 서 있네.
부상 만 리에 뜨는 해를 맞으니
푸른 안개 붉은 구름 비단 무더기 같네.

舞岜翔巒自北來,　中天蹴破海濤廻.
扶桑萬里迎初日,　翠霧紅雲錦繡堆.

이자민李子敏 안눌安訥의 시에 차운하여 문혜 스님에게 주다
次李子敏安訥¹韻, 贈文慧師

누대 앞에서 잠시 술을 마시자니
정신이 산화천散花天²에 들어갔나 의심하였네.
친구의 시구가 불경의 이야기를 겸하니
푸른 등불 다하도록 자지 않았네.

暫酌臺前六一泉,　神魂疑入散花天.
故人詩句兼僧話,　挑盡靑燈耿未眠.

1 이안눌(李安訥 1571~1637): 조선 중기의 문신. 본관은 덕수(德水). 자는 자민(子敏), 호는 동악(東岳). 행(荇)의 증손으로 진사 형(泂)의 아들이며, 이식(李植)의 종숙(從叔)이다. 동년배인 권필(權韠)과 선배인 윤근수(尹根壽)·이호민(李好閔) 등과 교우를 맺었는데, 이러한 모임을 동악시단(東岳詩壇)이라고 하였다. 특히 시작에 주력하여 방대한 양의 시를 남기고 있다. 특히 당시(唐詩)에 능하여 이태백에 비유되었고 글씨도 잘 썼다. 저서로 『동악집』이 있다.
2 산화천(散花天): 부처님께 공양하기 위하여 꽃을 뿌리는 곳. 『無量壽經』下. "散花燒香, 以此迴向, 願生彼國".

인섭印蹨 스님이 설날에 산에서 내려와
시를 지어달라는 부탁을 받고 그 시에 차운하여 주다
次贈印蹨師新正下山乞句

물과 구름 같은 자취에 학의 모습을 하고
명산의 제일봉에 머물러 사네.
가련하게도 석장을 날리며 헛되이 나를 찾으니
늙어도 시 짓는 게으름을 알지 못하네.

水雲蹤跡鶴形容,　住在名山第一峯.
飛錫可憐虛訪我,　不知垂老作詩慵.

허거원許巨源이 서울에서 부쳐준 시에 차운하여 답하다
次謝許巨源自京寄詩

술잔을 잡고 취하여 노래함도 한때러니
늘그막에 몸과 일이 갈수록 의심스럽네.
삼강에 봄은 다 가고 마름꽃 늦어 가는데
황혼에 미인과의 약속 헛되이 저버렸네.

把酒酣歌亦一時,　老來身事轉堪疑.
三江春盡蘋花晩,　虛負黃昏彼美期.

시를 부탁한 스님의 시축에 쓰다
題乞詩僧軸

산중에 머물러 있어 산을 익히 보니
산 모습은 흰 구름 사이에서 변함이 없네.
스님의 마음도 정히 산과 흡사하여
가을의 단풍잎 봄꽃처럼 한가하리라.

住在山中慣見山, 山容不變白雲間.
禪心政與山相似, 秋葉春花等是閑.

통도사通度寺에서 병으로 머물다가
경선敬禪 스님의 시축에 쓰다
通度寺淹病, 書敬禪上人軸

스님은 내가 산 보는 것을 좋아함을 알아
해 저문 승방에서 문을 닫지 않네.
사면에 저녁노을 모두 가려졌는데
동쪽에 다만 작은 봉우리만 있네.

山僧知我好看山,　日暮山齋不掩關.
四面烟嵐渾蔽盡,　東邊只有小峰巒.

책상을 함께하고 공(空)[1]을 이야기하니
밤은 깊고 등불은 선방을 비추네.
무단히 다른 산으로 가는 그대를 보내니
문밖의 봉우리마다 벌써 석양이 비치네.

說有談空共一床,　夜深燈火照禪房.
無端送爾他山去,　門外千峰已夕陽.

---

1 공(空): 불교 용어. 만물은 인연에 의하여 생겨날 뿐 고정된 실체가 없음을 이르는 말이다.

호남으로 가는 윤기尹塈를 보내며
送尹生塈還湖南

적막한 강가에서 눈 속에 사립문 닫으니
차가운 매화 성긴 대에 석양이 비치네.
가련하구나, 쇠하여 병든 몸 적적도 한데
새로운 시도 없이 그대와 작별하네.

寂寞江郊雪掩扉,　凍梅疎竹對斜暉.
自憐衰病長牢落,　未有新詩送子歸.

성헌惺軒 백장白丈의 시에 차운하다

조비중이 양산의 수령으로 있을 때 백장白丈이 방문하여 몇 달을 머물고 갔었다. 지금 이 고을에 도착하니 비중은 죽은 지 이미 4년이었다. 백장이 나와 함께 쌍벽헌 위에서 술을 마시면서 벽 위에 있는 비중의 시구를 가리키니 그리운 생각이 나서 칠언절구를 지었다. 옛일이 생각나고 그리운 마음이 나의 속을 움직였다. 나는 조비중과 함께 동년에 급제한 친구다. 서로 대하니 처연하여 그 시에 차운하다

次惺軒[1]白丈韻

趙棐仲[2]作宰梁山時, 白丈來訪, 留數三月而去. 今到此郡, 則棐仲卽世已四年矣. 與余共酌于雙碧軒上, 指棐仲壁上之句, 悵然作七言絶句. 感舊懷人之意, 有可動念. 余亦與棐仲同年執友也. 因相對凄然, 遂次其韻

---

1 성헌(惺軒): 백현룡(白見龍 1543~1622)으로 조선 중기의 학자이다. 본관은 수원(水原). 자는 서문(瑞文)이다. 이황(李滉)의 문하에서 수학하였으며, 조목(趙穆)·김성일(金誠一)·유성룡(柳成龍)과 교유하였다. 임진왜란이 일어나자 이함(李涵)·백인국(白仁國) 등과 의병을 일으켜 김성일의 휘하에 들어가 공을 세웠고, 정유재란 때는 화왕산성(火旺山城)으로 들어가서 곽재우(郭再祐)와 함께 적을 무찔렀다. 저서로 『성헌집』이 있다.

2 조비중(趙棐仲): 조익(趙翊 1556~1613)으로 조선 중기의 문신이다. 본관은 풍양(豐壤)이고 호는 가휴(可畦)이다. 정구(鄭逑)의 문인이다. 선조 때 병조좌랑·광주목사·장령 등을 지냈으며, 임진왜란이 일어났을 때에는 호남 지방에서 의병을 일으키기도 하였다.

문장은 다함이 없는 큰 강의 흐름과 같은데
인간 세상의 존망은 한때라.
술잔 앞에서 옛일을 슬퍼하지 말라
눈앞의 영고성쇠 모두 걱정거리인 것을.

  文章不廢大江流, 人世存亡又一秋.
  莫向樽前悲舊事, 眼中榮落摠堪愁.

옛 절에서 쓰다
題古寺

문 앞의 묵은 나무 얼어 가지도 없고
사면의 거친 숲 갈림길을 덮었네.
적은 눈 뜰에 내리고 차가운 전각은 닫혔는데
늙은 스님 때로 나와 가시울타리를 살피네.

門前古樹凍無枝,　四面荒榛蔽路止支.
小雪滿庭寒殿閉,　老僧時出護柴籬.

성동_{城東}에 우거하며
寓居城東

빈집은 적적하고 손님도 오지 않아
해가 다 가도록 물가의 사립문 깊이 닫았네.
다소간의 그리움 호소할 곳 없는데
지는 꽃 어미 제비 봄을 다투어 나네.

空齋寥寂客來稀,　盡日深關向水扉.
多少別懷無處訴,　落花乳燕管【一作鬪】春飛.

죽오당竹梧堂에서 벽 위에 걸린 시에 차운하여 읊다
竹梧堂[1], 口呼次壁上韻

석양에 국화꽃 산모퉁이에 피었는데
몇 줄기 대숲은 누가 심었나.
봉황은 오지 않고 오동잎 지는데
달 아래서 도리어 미인 오기를 기다리네.

위는 죽오당을 두고 지은 것이다

返照寒花山一隈,　數竿叢竹更誰栽.
鳳鳥不歸梧葉落,　月明還待美人來.

【右竹梧】

---

1 죽오당(竹梧堂): 임자정(任子定)이 금수(錦水)가에 지은 집이다. 권필의 〈竹梧堂記〉에 의하면, "그 정원은 10묘 정도인데 큰 대나무 천 그루가 빽빽하게 솟아 있고 늙은 오동나무 한 그루가 집 바로 동쪽 모퉁이에 서 있어, 이 두 나무를 가지고 집의 이름을 지었다." 라고 하였다. 『石洲集』 外集 권1.

높은 정자에 올라 근심을 푸니
푸른 대 국화꽃 저문 가을 되었네.
하늘가의 미인은 부를 수 없어
석양에 머리를 돌리고 유유히 생각하네.
위는 기다린 사람을 위하여 지은 것이다

高亭一上解窮愁,　　翠竹寒花屬暮秋.
天末美人招不得,　　夕陽回首思悠悠.
【右待人】

오언율시

春日, 寄權時望
贈敬一沙彌
哭崔德輿
秋日, 憶閔士尚聖徵
同諸公, 暮向山寺
寄蓮江吳子英大中
寄尹而述

봄날에 권시망權時望에게 부치다. 2수
春日, 寄權時望

북녘 땅에 봄은 왔고
남쪽 하늘엔 달이 다시 밝구나.
구이九夷의 땅에 거하려 함은 군자의 뜻이요[1]
흙을 생각함은 소인의 정일세.[2]
꽃은 근심을 머금은 잎을 움직이고
새는 한을 부르는 소리를 전하네.
편지를 봉하고 가는 기러기 바라보니
구름 밖에서 한 소리로 슬피 우네.

北地春應至,　南天月更明.
居夷君子意,　懷土小人情.
花動含愁葉,　禽傳喚恨聲.
封書望去雁,　雲外一哀鳴.

---

1 구이(九夷)의 땅에 거하려 함은 군자의 뜻이요: 구이는 동방의 아홉 종의 이적. 공자는 중국이 어지러워지자 동방 이적의 땅에 가서 살고 싶다고 하였다. 군자는 공자를 이르는 말이다. 여기서는 우리나라를 칭찬한 말로 보인다. 『論語』「子罕」. "子欲居九夷".

2 흙을 생각함은 소인의 정일세: 공자는 말하기를 군자는 덕을 생각하고 소인은 흙을 생각한다고 하였다. 여기서는 권시망이란 사람이 고향으로 간 것을 나무라는 뜻이 아닌가 한다. 『論語』「里仁」. "君子懷德, 小人懷土".

초산楚山은 하늘을 연하여 섰고
황강黃江은 바다와 접하여 멀리 있네.
가시 사립은 들을 향하여 닫혀 있고
산의 눈은 볕을 향하여 녹아내리네.
벌레는 우레 우는 새벽에 깨고
매화의 혼은 달밤에 더욱 곱구나.
시험 삼아 거울 속을 보니
백발만 더욱 쓸쓸하구나.

楚岫連天立,　黃江接海遙.
柴扉臨野閉,　山雪向陽消.
蟄意雷鳴曉,　梅魂月掛宵.
試看明鏡裡,　華髮更蕭蕭.

경일敬一 사미승에게 주다
사미승이 자민子敏의 시 5수를 가지고 와서 나에게 보였다

贈敬一沙彌
僧持子敏詩五首, 因之來見

병들어 누워 문이 늘 닫혀 있으니
스님이 와서 손수 여는구나.
산수의 이야기를 듣자니
홀연 천태산天台山[1]을 꿈꾸는 듯하네.
책 속에서 나의 친구를 생각하였고
시 속에서 그대의 재주를 아꼈도다.
그윽한 곳에 그대를 찾을 날 있을 것이니
봄에 시냇가의 매화가 피었을 것일세.

病臥門常掩, 僧來手自開.
因聞話山水, 忽若夢天台.
卷裡思吾友, 詩中惜爾才.
幽尋當有日, 春放澗邊梅.

---

1 천태산(天台山): 절강성 천태현의 북쪽에 있음. 천태종의 발원지다.

최덕여崔德輿를 조문하다

이름은 홍재弘載. 호남 사람으로 이때 울산판관이 되어 관에서 순직하였다

哭崔德輿

名弘載[1]. 湖南人, 時爲蔚山判官, 卒于官

함께 호남의 객으로
버선 끈을 매줄 때부터[結襪][2] 그대를 따라다녔지.
영화와 고락枯落이 중도에 달라졌고
득과 실은 두 사람의 마음이 알았네.
장기瘴氣가 있는 고을에 몇 해 동안 작별하고
황량한 산에서 홀로 밤에 슬퍼하네.
만 번 죽더라도 어찌 그리움을 견딜 수 있을까
나는 또 그대를 조문하는 시를 지었네.

    共是湖南客,   追隨結襪時.
    榮枯中道異,   得失兩心知.
    瘴郡經年別,   荒山獨夜悲.
    那堪萬死後,   又作哭君詩.

---

1 최홍재(崔弘載): 본관은 해주(海州)이고 자는 덕여(德輿)이다. 아버지는 최경운(崔慶雲)이다. 1591년(선조 24) 식년시(式年試)에 급제하고 정언(正言)을 지냈다.

2 버선 끈을 매줄 때부터: 한나라 장석지(張釋之)가 왕생(王生)의 요구로 버선 끈을 매준 고사. 곧 어진 사람을 공경히 섬김을 이르는 말이다. 『史記』〈張釋之傳〉.

어린 시절에 책상을 함께하여 읽고
중년에 서로의 이별을 탄식했네.
그대가 수령으로 있던 날을 어찌 알까
나는 마침 유배생활을 할 때였지.
지금 바닷가에서 함께 백발이 되었고
하늘가에서 홀로 벼슬의 굴레에 얽혔네.
가련하구나, 서로 바라보이는 곳에서
상여의 뒤를 따라갈 방법이 없으니.

小少同書榻,　　中年嘆別離.
那知君宰日,　　政是我流時.
海外俱華髮,　　天涯獨絆羈.
可憐相望處,　　無路送靈輀.

반백 년에 살고 죽어 길이 달리 되니
그대는 삼 년 동안 백성을 다스린 때였네.
병은 많지만 큰 약이 없었고
근심이 극에 달함에 깊은 위태함이 있었네.
세상에는 새로 아는 자 적고
누대 가운데에 옛 꿈이 더디 오네.
하늘가에 멀리 상여가 돌아가니
한 번 바라보며 길게 슬퍼하네.

  半百存亡後, 三年撫字時.
  病多無大藥, 愁極有深危.
  世上新知少, 臺中舊夢遲.
  天涯歸櫬遠, 一望更長悲.

가을날 민사상閔士尙 성징聖徵을 그리워하며
이때 영변판관으로 있으면서 병사와 틈이 생겼기 때문에 끝구에 언급한 것이다

秋日, 憶閔士尙聖徵[1]
時作判寧邊, 與鎭帥有郤, 故末句及之

철옹성은 일찍이 놀던 땅인데
성지城池는 모두 어지러운 산 사이에 있네.
비탈진 밭에는 차조를 많이 심고
요족獠族의 집[2]에는 띠로 자리를 하기를 즐기네.
변방의 땅에 가을은 일찍 오고
상담湘潭[3]에 있는 나는 눈물만 나오네.
듣건대 칼로 턱을 고인[柱頤][4] 곳에
기운을 잃고 서산西山[5]에 있으리라.

鐵甕曾游地,　城池亂嶂間.
塢田多種秫,　獠屋喜苫菅.
關塞秋應早,　湘潭淚獨潸.
頗聞柱頤處,　爽氣在西山.

1 민성징(閔聖徵): 자는 사상(士尙), 호는 용졸(用拙)이며 본관은 여흥(驪興)이다. 아버지는 민유부(閔有孚)이다. 1609년(광해군 1) 증광시(增廣試)에 합격하고 호조판서를 지냈다.
2 요족(獠族)의 집: 요족은 중국 남방에 사는 소수민족. 곧 미개한 사람들이 사는 집처럼 초라하다는 말이다.
3 상담(湘潭): 호남성에 있는 물 이름. 여기서는 남쪽 지방이란 뜻으로 보인다. 저자가 남쪽 지방에 있으면서 북쪽에 있는 친구를 그리워한 말이다.
4 칼로 턱을 고인[柱頤]: 주이는 턱을 고인다는 말. 전국 시대 제나라의 장수 전단(田單)은 연나라 장수 악의와 싸워 크게 이기고 북적과 싸우는데 시간만 보내고 이기지 못하였다. 당시 아이들이 노래하기를, "(전단의) 큰 갓은 키만하고 긴 칼로 턱만 고이고 있으니 북적과 싸워도 이기지 못한다."라고 하였다. 여기서는 민성징이 병사와 사이가 좋지 못하여 병사는 턱만 고이고 있으니 군사의 정비에 기운만 잃고 있을 것이란 말이다. 『戰國策』 齊策.
5 서산(西山): 수양산의 별칭. 수양산은 백이·숙제가 고사리를 캐 먹던 산이다. 곧 한가한 산이란 뜻으로 보인다. 『史記』 〈伯夷傳〉.

제공들과 함께 저물녘에 산사로 향하다
同諸公, 暮向山寺

짧은 채찍으로 한 필의 말을 몰고 가니
석양은 산의 서쪽으로 향하였네.
쇠한 풀은 길가에 한없이 이어지고
푸른 산은 구름만 만 겹으로 가렸네.
위태한 돌길을 받들며 오르고
쉬면서 스님이 치는 종소리 들었네.
밤 되어 계곡에 바람이 이니
용이 시냇가 소나무를 울리는 듯하네.

短鞭驅匹馬,　斜日向西峰.
衰草路無限,　靑山雲萬重.
傾危攀石磴,　憩息聽僧鍾.
入夜風生壑,　龍吟澗底松.

연강蓮江 오자영吳子英 대중大中에게 부치다
寄蓮江吳子英大中[1]

듣자니 연강 노인은
강가에 임하여 대사립을 닫는다지.
약초는 가을의 밭이랑에 가득히 아름답고
고기는 작은 시내에 올라와 살쪘네.
꽃이 떨어짐에 차 끓이는 솥에 방해되고
갈매기 날아와 고기 낚는 터를 아네.
그대의 삶이 오히려 만족하니
친구가 그르다고 한하지 말게.

聞說蓮江老,　臨江閉竹扉.
藥盈秋畹美,　魚上小溪肥.
花落妨茶鼎,　鷗來認釣磯.
生涯猶自足,　莫恨故人非.

---

[1] 오자영(吳子英)은 임회의 벗으로 조찬한(趙纘韓)과도 교유하였음을 『玄洲集』 권4의 〈秋夜贈吳子英〉을 통해 알 수 있다. 또한 기우만(奇宇萬)의 〈蓮江集序〉가 『松沙集』 권13에 수록되어 있다.

윤이슬尹而述에게 부치다

이때 이슬이 벼슬에서 파직되어 나를 중길仲吉의 별장으로
불렀는데 내가 비가 많이 와서 가지 못하고 시로써 뒤에 부쳤다

寄尹而述[1]

時而述罷歸, 邀余于仲吉[2]別墅, 余以雨漲不果往, 以詩追寄

만 리 밖 그대를 만난 곳에서
삼 년 동안 함께 웃고 이야기 하였지.
눈으로 크나큰 천지 실컷 보고
시는 험하고 어려움을 겪어야 공교로워지네.
여관에서 손을 나누어 작별하고
시골에서 뽑힌 쑥처럼 바람에 굴러다니듯 하였네.
오직 우리의 송백松柏 같은 뜻은
해가 저물어도 변함이 없으리라.

萬里逢君處,　三年笑語同.
眼窮天地大,　詩歷險艱工.
逆旅仍分袂,　江湖更轉蓬.
惟應松栢意,　歲暮不從風.

1 윤이술(尹而述): 윤계선(尹繼善 1577~1604)이다. 조선 중기의 문신으로 본관은 파평(坡平), 호는 파담(坡潭)이다. 희굉(希宏)의 아들이며, 숙부 희정(希定)에게 입양되었다. 1597년(선조 30) 알성문과에 장원급제, 성균관전적·예조좌랑·세자시강원사서·사간원헌납 등을 역임하였다. 1600년 사헌부지평으로 재직 중 설화(舌禍)로 황해도 옹진현감으로 좌천되었으나 개의하지 않고, 청렴하고 엄격하게 사무를 처리하면서도 한편으로는 총명하고 인정이 있게 선정을 베풀어 관찰사의 추천으로 표리(表裏)를 하사받았다. 문장이 뛰어나 붓을 잡으면 그 자리에서 만여 언(萬餘言)을 지었다.

2 중길(仲吉): 이선행(李善行 1576~1637)으로 조선 중기의 문신이다. 본관은 전의(全義)이며 성천부사 경천(慶千)의 아들이다. 1606년 식년문과에 병과로 급제하여 예문관검열이 되었으나, 1608년 광해군이 즉위한 뒤 정인홍(鄭仁弘) 등 대북파가 유영경(柳永慶) 등 소북 세력을 숙청할 때 소북파로 몰려 삭직되어 10여년 간 등용되지 못하였다. 1627년(인조 5) 정묘호란 때 소현세자(昭顯世子)의 분조(分朝)에 호종하였다. 괴산군수로 나가 선정을 베풀고, 유효립(柳孝立)에 관계된 모역의 당을 잡아들인 공으로 통정계(通政階)에 오르고, 영사원종공신(寧社原從功臣)에 책록되었다.

칠언율시

送輝瑞還京
題黃山郵亭
江上, 次朴應休韻
至月念一日, 見沈學而書
九日, 共崔尹二老, 登城南小麓
和寄郯湖陳汝郁景文
次孫琴郊韻, 贈敬一沙彌
贈淸學上人
答沈德顯金去非地粹以詩相和錄寄
贈琴娘
擬建小堂
霖雨, 寄成德夫
新正, 寄萊伯尹顯世
寄萊伯
送尹顯世秩滿還京
過矗石樓
過八良峴
寄疎菴任茂叔叔英
寄錦里三猶子
疎菴來嶺南, 與諸公酬唱有作, 乃次其韻
初秋獨吟
登海山絶頂
登沒雲臺
龍堂後巖上暮坐
僑居獨坐
中宵聞杜鵑
風詠亭, 次壁上韻

서울로 가는 휘서輝瑞를 보내며
送輝瑞還京

비온 뒤 빈집에서 마음이 불안하니
고향 꿈은 가을밤을 만났어도 이루지 못하네.
병이 나으니 강산은 새로운 기상이 보이고
취한 속에 친구들은 옛날의 심정일세.
진나라의 성곽은 아득히 구름이 천 번 겹치고
초나라 산에 바람은 시원한데 달만 홀로 밝구나.
만리타향에서 외로운 혼 기로에서 작별하니
머리를 돌리지 못하고 다시 할 말을 잊었네.

雨餘空館意難平,　鄕夢逢秋夜未成.
病後江山新氣像,　醉中朋伴舊心情.
秦城杳杳雲千疊,　楚峽蕭蕭月獨明.
萬里殘魂歧路別,　不堪回首更呑聲.

황산黃山의 우정郵亭에서 쓰다
題黃山郵亭

계곡에 강이 열려 도도히 흘러오니
개인 창은 달빛 받아 강을 향하여 열렸네.
갈대 꽃 양쪽 언덕에 안개와 서리가 흐리고
단풍잎 온 산에 비단이 쌓인 듯하네.
지친 새는 숲에 깃들고자 비를 뚫고 날고
외로운 배는 낚시를 마치고 조수를 따라 돌아오네.
산에 오르니 모두 고향을 그리는 객이라
눈길 다하는데 어떻게 술잔만 잡나.

峽拆滄江袞袞來,　晴窓受月向江開.
蘆花兩岸烟霜暗,　楓葉千山錦繡堆.
倦鳥投林穿雨去,　孤舟罷釣ː潮廻.
登臨摠是思鄉客,　目極何心更把盃.

강가에서 박응휴朴應休의 시에 차운하다
응휴는 재종제이다

江上, 次朴應休韻
應休, 乃再從弟云

삼위산三危山[1]에 내쫓긴 외로운 신하가
밝은 달 아래 조각배로 초강의 물가에서 사네.
세상길은 이제 새옹마塞翁馬가 많으니
선인이 사는 어느 곳에 표륜飇輪[2]이 있는가.
강산은 아득한데 돌아가는 기러기 길을 잃고
마음은 망망하여 친구에게 향하네.
밤중에 조수는 생기고 바람과 이슬은 차가운데
무릎을 대고 자주 술잔을 드는 일 싫어하지 말게.

三危放逐一孤臣,　明月扁舟楚水濱.
世路卽今多塞馬,　仙鄕何處有飇輪.
江山渺渺迷歸雁,　心事茫茫向故人.
半夜潮生風露吟,　莫嫌聯膝引杯頻.

---

1 삼위산(三危山): 중국의 서쪽 변경에 있는 산. 여기서는 우리나라의 변방의 산을 가리킨다.

2 표륜(飇輪): 전설상의 바람처럼 빨리 달리는 수레. 〈西王母傳〉. "西王母所居, 宮闕弱水九重, 洪濤萬丈, 非飇車羽輪不可到也".

동짓달 이십일일에 심학이沈學而의 편지를 보고
학이는 이때 영남의 감사가 되었다
至月念一日, 見沈學而¹書
學而, 時爲嶺伯

내쫓긴 신하의 사는 일 날마다 쓸쓸하여
흰 머리 다만 초목처럼 말라감을 보겠네.
머나먼 변방에 편지 오니 먼저 꿈 이야기를 하고
임시 거처에 새가 들어오니 요사한 일인가 의심했네.
궁벽한 산속에는 항상 밤중의 빗소리 들리고
험한 계곡에는 만 리 밖에서 오는 조수 소리만 나네.
내일이면 하나의 양陽이 따스한 기운을 돌아오게 할 것이니[2]
친구는 응당 무릉의 나무꾼을 생각하리.

逐臣生事日蕭蕭,　華髮還將草木凋.
絶塞書來先說夢,　僑居鳥入便疑妖.
窮山每聽中宵雨,　急峽長鳴萬里潮.
明發一陽回暖氣,　故人應念武陵樵.

1 심학이(沈學而): 심열(沈悅 1569~1646)로 조선 중기의 문신·학자. 본관은 청송(靑松), 호는 남파(南坡)이다. 아버지는 부사 예겸(禮謙)이며 충겸(忠謙)에게 입양되었다. 1593년 별시문과에 병과로 급제, 문관 검열에 기용되었다. 뒤에 성균관전적 등 삼사의 요직을 역임하고 경기도·황해도·경상도·함경도의 관찰사를 지냈다. 1638년(인조 16) 염철사(鹽鐵使)가 되어 중국 심양(瀋陽)에 가서 물물교환을 하였고, 그 뒤 강화유수·판중추부사·우상·영상 등을 역임하였다. 그는 관직에 있으면서 탁지(度支)에 대한 뛰어난 경륜으로 왕의 총애를 받았다. 또한 시와 글씨에도 능하였는데, 특히 시는 심오전아(深奧典雅)하면서 호상활달(豪爽豁達)하였다. 시호는 충정(忠靖)이며, 저서로『남파상국집』이 있다.

2 하나의 양(陽)이 따스한 기운을 돌아오게 할 것이니: 주역에서 동지가 되면 하나의 양효가 생기고 섣달에는 두 개의 양이 생겨 사월에는 6개의 양효가 생겨 순수한 양효만 있는 달이 된다. 5월에는 다시 음효가 밑에서 생기고 10월이 되면 순수한 음효만 있는 달이 된다.

구일에 최·윤 두 노인과 함께 성남의 작은 동산에 오르다
九日, 共崔尹二老, 登城南小麓

요행히 살아남은 여생에 두 살쩍만 흰데
변방에서 중구일重九日의 산에 오르니 마음이 어떠할까.
지는 나뭇잎 슬픈 바람 속에 바다는 멀리 있고
흰 구름 가을빛은 옛 성 위에 많구나.
국화꽃은 외로운 신하의 눈물을 비웃지 않고
외로운 새는 날아와 쫓겨난 신하의 노래를 듣네.
검극산 머리에 창자가 끊어질 듯한데
다만 모자를 기울게 쓰고 높은 산에서 내려왔네.

餘生萬死鬢雙白番, 絕塞登高意若何.
落木悲風滄海遠, 白雲秋色古城多.
黃花未笑孤臣淚, 獨鳥來聽逐客歌.
劍戟山頭腸久斷, 還將欹帽下嵯峨.

담호鄜湖 진여욱陳汝郁 경문景文의 시에 화운하여 부치다
和寄鄜湖陳汝郁景文

호남의 수죽정水竹亭에 있을 때를 생각하니
풍류의 기세는 앞에 갈 사람이 없다고 자부하였지.
나귀 타고 삼동의 큰 들의 눈 속에 달리는 듯하고
푸른 강 만 리의 연기 속에 노를 젓는 듯하였네.
아름다운 돌 위에서 항상 상락주桑落酒[1]를 열고
작은 산에서 일찍이 계생桂生의 시를 지었네.
지금에 홀로 삼상三湘의 한[2]을 안고
부끄럽게 푸른 하늘을 보니 달만 둥글 뿐일세.

憶在湖南水竹邊,　風流自許氣無前.
騎驢大野三冬雪,　鼓枻滄江萬里烟.
錦石長開桑落酒,　小山曾賦桂生篇.
如今獨抱三湘恨,　羞見靑天月正圓.

1　상락주(桑落酒): 옛날의 고급 술 이름. 杜甫〈九日楊奉先會白水崔明府〉. "坐開桑落酒, 來把菊花枝".
2　삼상(三湘)의 한: 굴원의 한. 삼상은 상강(湘江)의 지류인 멱라수(汨羅水)를 이르는 말이다. 초나라 굴원은 회왕 때 정사를 주관하여 임금의 신임을 받았으나 다른 대부들의 참소로 장사에 유배되었고 멱라수에 투신하여 죽었다. 여기서는 저자도 굴원과 같이 유배생활을 하는 것을 한스럽게 생각한다는 말로 보인다.『史記』〈屈原列傳〉.

손금교孫琴郊의 시에 차운하여 경일敬一 사미승에게 주다
次孫琴郊韻, 贈敬一沙彌

창 밖에 차가운 매화 그림자 흔들리니
새벽에 바람이 세차게 불어옴을 보겠네.
문을 열어 찾아온 스님 기쁘게 맞고
길을 물으니 멀리 날아가는 새 머리 돌려보네.
봄풀 돋아난 들 다리에 사흘간 비 내리고
석양의 강 입구에 많은 물결의 조수 오네.
그대를 만나 멋대로 임천林泉을 감상하려 했지만
하늘가에서 백발이 시들어 가는 것을 어이하나.

窓外寒梅影動搖, 曉看風色更蕭蕭.
開門喜見僧來謁, 問路回瞻鳥去遙.
春草野橋三日雨, 夕陽江口萬波潮.
逢君欲恣林泉賞, 其奈天涯白髮凋.

청학淸學 스님에게 주다
贈淸學上人

근래에 병이 많아 살쩍이 실처럼 희어
들에 가을이 와도 시를 짓지 못했네.
그대가 은근히 와서 시를 요구하기에
밤새도록 적막하게 억지로 생각해냈네.
바람이 판각을 흔들자 등불을 가리고
소나무 삼나무 안개 걷히니 흰 이슬 맺혔네.
어찌하면 짚신 신고 그대를 따라가서
묘향산과 방장산을 볼까.

近來多病鬢如絲,　秋入郊原不賦詩.
爲汝慇勤來覓句,　通宵寂寞強抽思.
風搖板閣靑燈翳,　霧捲杉松白露滋.
安得芒鞋從爾去,　妙香方丈更相期.

시로 주고받은 것을 기록하여 심덕현沈德顯·김거비金去非 지수地粹에게 답하여 보내다
答沈德顯¹金去非地粹²以詩相和錄寄

남쪽에 사는 객이 시를 써서 그리운 사람에게 주니
나는 듯한 시의 법은 두 사람 모두 위대하네.
길이 궁하여 다시 벼슬의 뜻을 권하니
답하는 자 적지만 어찌 백설白雪의 노래³를 꺼릴까.
고향 꿈은 이루지 못하여 대 잎에 뜨고
병으로 신음함에 석류의 껍질에 시를 씀이 합당하네.⁴
스스로 백발 되어 고독함이 부끄럽고
창연히 푸른 물 바라보니 슬픈 생각 끝이 없네.

南客題詩贈所思, 飛騰句法兩雄奇.
道窮更勵青雲志, 和寡何嫌白雪詞.
鄉夢未成浮竹葉, 病吟端合寫榴皮.
自慚衰白長牢落, 悵望滄波無限悲.

1 심덕현(沈德顯): 택당의 처남 심광세(沈光世 1577~1624)이다. 본관은 청송(靑松), 호는 휴옹(休翁). 영의정 연원(連源)의 현손이다. 1601년(선조 34) 식년문과에 병과로 급제하여 승문원에 들어갔다. 1613년(광해군 5) 문학을 거쳐 교리로 있을 때 계축옥사가 일어나자 무고를 입고 고성(固城)으로 유배되었다. 인조반정으로 인하여 다시 교리에 임명되고, 시무십이조(時務十二條) 및 안변십책(安邊十策) 등을 건의하였으며, 응교·사인을 역임하였다. 1624년(인조 2) 이괄(李适)의 난이 일어나자 성묘하러 고향에 갔다가 피난한 왕의 행재소로 가던 중 부여에서 병으로 죽었다. 저서로『휴옹집』·『海東樂府』등이 있다.

2 김지수(金地粹 1585~1639): 조선 중기의 문신. 본관은 의성. 자는 거비(去非), 호는 태천(苔川)·태호(苔湖)·천태산인(天台山人). 할아버지는 예조정랑 제민(齊閔), 아버지는 서(曙)이다. 1616년(광해군 8) 증광문과에 병과로 급제하고 교서관교감(校書館校勘)에 올랐다. 1626년 서장관이 되어 정사 김상헌(金尙憲)을 따라 명나라에 가는 도중 부벽루에 제(題)한 시를 보고 감탄, 연로에서 수창(酬唱)한 시를 엮어『朝天錄』이라 하였는데, 이를 본 명나라 사람들이 경모해 마지않았다. 1628년 종성부사에까지 이르렀는데, 그때 송광유(宋光裕)의 무고한 옥사에 연루되어 체포되었다가 풀려나 관직을 사퇴하고 고향 고부(古阜)로 돌아갔다. 그는 청나라가 일어나는 현실에서 존주사상(尊周思想)에 철저하였던 인물로, 늙어서는 천태산 밑에 집을 짓고 풍류와 독서로 소일하며 세상과 인연을 끊었다. 특히 시와 그림에 능하였다. 이조판서에 추증되었으며, 고부의 도계서원(道溪書院)에 제향되었다. 저서로『태천집』이 전한다.

3 백설(白雪)의 노래: 고아한 노래나 시. 어떤 사람이 초나라의 수도 영(郢)에서 하리파인이라는 비천한 노래를 불렀는데 답하는 자가 수천 명이었고, 다음에 양아해로라는 노래를 불렀는데 답하는 자가 수백 인이었고, 다음 양춘백설을 불렀는데 답하는 자가 수십 명에 불과하였다. 여기서는 알아주는 자 적다고 어찌 고급의 시가를 버릴 수 있느냐? 라는 말로 보인다.

4 석류의 껍질에 시를 씀이 합당하네: 도인은 석류의 껍질에 시를 썼다고 한다. 여기서는 저자가 도인처럼 석류 껍질에 시를 쓰고 싶다는 말로 보인다.『元詩選』. "道人醉寫榴皮字, 仙客飢分寶屑粮".

거문고를 타는 여인에게 주다
贈琴娘

인간의 만사를 이날에 쉬니
한평생 병이 많고 다시 이별을 근심하네.
하늘가에서 달을 보니 누구와 함께 감상할까
객중에 그대를 만나 잠깐 멈추어 쉬었네.
늙어 감에 꽃이 눈에 비춤이 견딜 만하고
흥취 생기나 비단으로 머리를 감지 못함이 부끄럽네.
내일 아침 말을 타고 강 길로 갈 때
놀던 곳에 머리를 돌리면 꿈만 아득하리.

萬事人間此日休,　百年多病更離憂.
天涯見月誰同賞,　客裏逢君且暫留.
老去可堪花照眼,　興來羞乏錦纏頭.
明朝匹馬江郊路,　回首淸遊一夢悠.

작은 집을 지으려 하다
擬建小堂

세상에 나가고 물러남은 늘 걱정스럽고 명마저 궁한데
하물며 상담湘潭에서 푸른 단풍[靑楓]¹ 속에 늙어 감에랴.
높은 데서 천정을 지나 삼 천 길이나 떨어지는 듯하고²
오백 궁弓 거리의 땅을 얻어 활을 쏘는 듯하네.³
산수는 인연이 있음에 좋은 시가 나오고
고향은 꿈에 나타나지 않아 일은 헛되어 가네.
가을이 오면서 띠집이라도 지으려 하여
쾌히 영창을 열고 바닷바람을 들였네.

進退長憂亦命窮,　湘潭況復老靑楓.
關天井落三千丈,　得地田寬五百弓.
山水有緣詩自好,　家鄕無夢事還空.
秋來準擬成茅宇,　快闢欞窓納海風.

---

1 청풍(靑楓): 두보(杜甫)가 남쪽 기주(夔州)의 운안(雲安)에 머물 때 벗 잠삼(岑參)에게 부친 시 "가을밤에 배를 댄 뒤 봄풀이 돋았는데, 청풍 아래 몸져누워 서울 대궐 못 간다네[泊船秋夜經春草, 伏枕靑楓限玉除]"를 인용한 것이다. 『杜少陵詩集』 권14, 〈寄岑嘉州〉.

장마 속에 성덕부成德夫에게 부치다
霖雨, 寄成德夫

외로운 성 오랜 비에 사립문 닫고
만사에 관심을 가지니 혼이 끊어질 지경일세.
장마 물은 멀리 천리의 바다에 닿고
짙은 구름은 깊이 몇 집 마을을 덮었네.
생계는 참된 수령에게 고하려 하였는데
누가 억울한 마음을 제왕의 문에 호소할까.
동곽의 친구도 응당 나와 같으리니
가을밤에 고향의 꿈을 꾸었으리.

孤城積雨閉柴門, 萬事關心正斷魂.
漲潦遠連千里海, 頑雲深掩數家村.
欲將生計輸眞宰, 誰抱幽寃叫帝閽.
東郭故人應似我, 可堪秋夜夢鄕園.

---

2 높은 데서 천정을 지나 삼 천 길이나 떨어지는 듯하고: 집을 지으려는데 힘이 드는 것을 형용한 말로 보인다.

3 오백 궁(弓) 거리의 땅을 얻어 활을 쏘는 듯하네: 궁은 토지를 측량하는 길이의 단위. 6자·8자가 되는 경우도 있다. 여기서도 집을 지으려 하는데 어려움을 뜻한 말로 보인다.

신정에 동래부사 윤현세尹顯世에게 부치다
新正, 寄萊伯尹顯世

새해 소식을 매화에서 기다렸는데
새해가 돌아오자 가는 세월 겁이 나네.
짧은 머리는 손으로 다스림이 가능하고
파리한 피부는 남에게 긁히기 싫어하였네.
울타리 가에 쇠한 버들 누런빛을 펴고
강 위의 많은 갈매기 흰 모래를 차지하였네.
지척에도 소식 끊겨 걱정스러우니
작은 창가에서 지는 해 마주하고 읊조리고 있네.

新年消息待梅花, 却到新年怕歲華.
短髮可能隨手鑷, 漫膚剛厭倩人爬.
籬邊衰柳紓黃色, 江上群鷗占白沙.
咫尺音書愁斷絶, 小窓吟對日西斜.

동래부사에게 부치다
寄萊伯

팔월의 갈대 잎에 이슬이 맺혔는데
바다의 하늘은 멀고 기러기는 더디 오네.
백마가 조수를 몰고 오니[1] 치이鴟夷[2]의 한이요
강가의 푸른 단풍나무는 초객楚客[3]의 슬픔이네.
밝은 달 누대에는 아련한 꿈만 수고롭고
내 낀 파도 강 위에 좋은 약속 저버렸네.
시 읊조리는 것을 그만두고 금서琴書로 조용히 지내는 것을
그대는 멀리서 알 것이니
혹 웅거熊車[4] 타고 그리운 사람을 위로할까.

八月蒹葭玉露滋,　海天寥廓雁來遲.
潮驅白馬鴟夷恨,　岸夾靑楓楚客悲.
明月樓中勞遠夢,　烟波江上負佳期.
遙知嘯罷琴書靜,　倘駕熊軒慰所思.

1 백마가 조수를 몰고 오니: 백마는 조수를 비유하는 말. 전설에 오자서가 죽어 조수의 신이 되었다고 한다. 王逢〈錢塘春感〉. "白馬素車江海上, 依然潮汐撼西興".

2 치이(鴟夷): 오자서를 이르는 말. 치이는 본래 가죽주머니인데 오자서가 죽어 가죽주머니에 넣어져 강물에 버려졌기에 이렇게 이른다. 오자서는 초나라 사람으로 부형이 모두 초평왕에게 죽음을 당하자 오나라로 도망하여 초나라를 쳤다. 뒤에 태재 비(太宰嚭)의 모함을 받아 죽음을 당하였다. 여기서는 동래백이 바른말을 하다가 동래부사로 좌천되어 갔기 때문에 이렇게 말한 것으로 보인다.『史記』六十六.

3 초객(楚客): 굴원(屈原)을 이르는 말. 굴원은 초나라 사람. 이름은 평(平). 자가 원이다. 회왕 때 삼려대부가 되어 정사를 주관함에 왕의 신임을 받았으나 다른 대부들의 참소를 받아 장사로 유배되고 나중에 멱라수에 몸을 던져 죽었다. 여기서는 동래백이 참소를 받아 좌천된 것이 아닌가 생각된다.『史記』八十四.

4 웅거(熊車): 지방관이 타는 수레. 梁元帝〈玄覽賦〉. "覆緹幕於熊車".

임기가 만료되어 서울로 돌아가는 윤현세尹顯世를 보내며
送尹顯世秩滿還京

갈림길에서 손을 잡고 떠나고 머무르니
초강楚江의 석양에 눈물만 흐르네.
일신이 욕이 되니 살아 어디에 쓰일까
마음속 일이 항상 어긋나니 죽어서 쉬고 싶네.
친한 벗이 항상 눈에 선한 것이 한이지
백발이 더해짐이 무슨 상관인가.
자상子桑에게 밥을 싸 가지고 간 일[1] 지금에 이을 수 없으니
나의 뼈는 장기瘴氣 있는 바닷가에서 누가 거둘까.

握手臨歧此去留,　楚江殘日淚橫流.
身名竝辱生何用,　心事長違死卽休.
只恨親朋長在目,　不關霜雪更添頭.
子桑裹飯今無繼,　吾骨誰收瘴海陬.

---

1 자상(子桑)에게 밥을 싸 가지고 간 일: 장자의 우화에 보면 자여란 사람이 자상과 함께 벗이 되었다. 장마가 열흘이 계속 되자 자여가 말하기를 "내 친구는 병이 났을 것이다." 하고 밥을 싸 가지고 가서 먹이려 하였다. 자상의 문에 이르니 노래하는 소리 같기도 하고 우는 소리 같기도 하면서 거문고를 타면서 말하기를 "아버지여 어머니여 하늘이여 사람이여" 하면서 소리도 내지 못하고 시의 가사만 웅얼거렸다. 여기서는 나를 도와줄 사람이 없을 것이라는 말이다. 『莊子』大宗師.

촉석루矗石樓를 지나며

의병들이 죽은 곳이다. 시대가 위태함에
옛날 촉석루의 일이 매나 생각나 끝구에 언급하였다

過矗石樓

倡義諸公所沒之地. 時危, 倍憶昔時事, 故末句及之

방장산의 여러 선인이 명승지를 숨겼다가
변방의 큰 도시에 목재와 힘 모아 누대를 세웠네.
철벽 위에 높이 붉은 용마루가 솟고
계곡의 물은 멀리 푸른 들을 지나 흐르네.
백 번을 싸운 충신의 혼은 옛 한이 남았고
한때의 시객들은 호탕하게 노는 자리 만들었네.
강에 임하여 다시 세상을 맑게 할 뜻 있음에[1]
문득 당년의 조예주祖豫州[2]가 생각나네.

方丈群仙秘勝區,　雄藩材力占爲樓.
鐵厓高捧朱甍出,　峽水遙漫綠野流.
百戰忠魂餘舊恨,　一時詞客辦豪遊.
臨江更有澄淸志,　却憶當年祖豫州.

1 세상을 맑게 할 뜻 있음에: 후한의 범방(范滂)은 젊어서부터 호기가 있어 수레에 올라 고삐를 잡고 천하를 맑게 할 뜻이 있다고 하였다. 여기서는 저자도 범방처럼 세상을 맑게 할 뜻이 있음을 말한 것이다. 『後漢書』「黨錮傳」范滂.

2 조예주(祖豫州): 동진의 조적(祖狄)을 이르는 말. 조적은 예주자사(豫州刺史)를 지냈고 진서장군이 되어 여러 장수들과 함께 달고 쓴 것을 같이하면서 자신의 경비는 박하게 하고 베풀기를 좋아하며 비록 비천한 자라도 은의로 접대하여 사람들의 환심을 샀다. 그는 양자강을 건너 황하 이남의 땅을 동진의 판도로 만들었다. 『晉書』〈祖狄傳〉.

팔량현八良峴을 지나며
過八良峴

명산이 영호남 사이에 서려 있어
그 형상은 유래가 가장 험하다고 하네.
장성이 한계를 나눈 듯하고
어느 곳이 관문인지 알 수 없네.
봄이 깊으니 풀과 나무로 능선과 계곡을 분간할 수 없고
비 온 뒤에 구름과 연기는 봉우리를 감싸고 있네.
고향이 이로부터 가까워짐을 알겠으니
머리 돌리자 눈물이 흐름을 견디지 못하겠네.

名山盤屈嶺湖間, 形勝由來最險艱.
似有長城分限界, 不知何地是門關.
春深草樹迷陵谷, 雨後雲煙鎖洞巒.
漸覺家鄉從此近, 弗堪回首淚潸潸.

소암疎菴 임무숙任茂叔 숙영叔英에게 부치다
寄疎菴任茂叔叔英[1]

임공은 낚시를 끝내고 어디로 갔나
깨진 벼루 낡은 책 고이 간수하였네.
만고에 험하고 기이한 일도 그대는 웃지만
일생 동안 빈궁함을 내가 먼저 알았지.
국화꽃 곳곳마다 술을 끌어 마실 만하고
붉은 잎은 때때로 시를 쓸 만하네.
적막한 청산에 나뭇잎 다 떨어졌는데
지팡이 짚고 노승과 만나기로 약속했네.

任公罷釣去何之, 破硯殘書好護持.
萬古嶮奇君自笑, 一生潦倒我先知.
黃花處處堪携酒, 赤葉時時可寫詩.
寂寞靑山搖落盡, 一筇應與老僧期.

1 임숙영(任叔英 1576~1623): 조선 중기의 문신. 본관은 풍천(豊川). 초명은 상(湘). 자는 무숙(茂淑), 호는 소암(疎庵). 감역 기(奇)의 아들이다. 어려서부터 시를 잘 지었고 기억력이 뛰어났다 한다. 1611년(광해군 3) 별시문과의 대책(對策)에서 주어진 이외의 제목으로 척족의 횡포와 이이첨(李爾瞻)이 왕의 환심을 살 목적으로 존호를 올리려는 것을 심하게 비난하였다. 이를 시관 심희수(沈喜壽)가 적극 취하여 병과로 급제시켰는데 광해군이 대책문을 보고 크게 노하여 이름을 삭제하도록 하였다. 몇 달간의 삼사의 간쟁과 이항복(李恒福) 등의 주장으로 무마, 다시 급제되었다. 그 뒤 승문원정자·박사를 거쳐 주서가 되었다. 1613년에 영창대군(永昌大君)의 무옥이 일어나자 다리가 아프다는 핑계를 대고 정청(庭請)에 참가하지 않았다. 곧 파직되어 집에서 지내다가 외방으로 쫓겨나 광주(廣州)에서 은둔하였다. 인조반정 초에 복직되어 예문관검열과 홍문관정자·박사·부수찬 등을 거쳐 지평에 이르렀다. 고문(古文)에 힘썼으며, 중국 육조(六朝)의 사륙문(四六文)에 뛰어났다.

금리錦里에 사는 세 조카에게 부치다
寄錦里三猶子

장기瘴氣 있는 바닷가에 귀양 온 지 삼 년인데
봄이 다 가도 고향 소식 기러기가 전하지 않네.
만국의 동쪽에 또 어디에 땅이 있나
푸른 바다 남쪽에 다시 하늘이 없는 듯하네.
백발 되어 감히 급하게 만나기를 바랄까
책 속에서 오직 성현을 배우기를 바랄 뿐이라.
너의 집에서 백발의 노인 모심이 염려되니
이 몸이 어느 날에 마루 아래서 절을 할까.

瘴濱淪謫已三年,　　春盡鄕書雁不傳.
萬國東邊安有地,　　滄溟南畔更無天.
白頭敢望逢遲适,　　黃卷惟希學聖賢.
念汝高堂將鶴髮,　　此身何日拜堂前.

소암疎菴이 영남에 와서
여러 사람과 함께 지은 시가 있어 그 시에 차운하다
疎菴來嶺南, 與諸公酬唱有作, 乃次其韻

막다른 길에서 친구의 마음을 볼 수 있으니
영남의 바다 산천 속에 찾는 시간을 허비했네.
천 리 밖에서 정겹게 만나니[靑眼]¹ 새로운 친분이요
십 년 동안 머리는 옛 책 속에서 희어졌네.
북두성 사이에 자기紫氣가 비치니 칼이 묻힘을 알았고²
솥 안에 단사丹砂는 금으로 화하지 않았네.³
하늘가에서 만나는 일 두 번 하기 어려우니
봄밤은 침침한데 술을 주고받는 일 싫어하지 말게.

途窮因見故人心,　嶺海山川費獨尋.
千里眼靑新道契,　十年頭白舊書林.
斗間紫氣元知劍,　鼎裏丹砂未化金.
簪盍天涯難再得,　莫嫌春酌夜沈沈.

1 정겹게 만나니[眼靑]: 진(晉)나라의 완적(阮籍)은 술 먹고 즐기는 친구를 만나면 푸른 눈으로 대하고 예의를 차리는 사람을 만나면 흰자위가 많은 눈으로 보았다. 여기서는 정겨운 친구를 만났다는 말이다. 『晉書』阮籍傳.

2 북두성 사이에 자기(紫氣)가 비치니 칼이 묻힘을 알았고: 중국의 남방 오나라 초나라에서는 철을 제련하는 기술이 북방보다 일찍이 발달하였다. 진(晉)나라 무제 때 남두와 견우성 사이에 자색의 기운이 어리어 있음을 보고 장화가 뇌환에게 물으니 이는 보검의 정기라고 하였다. 뇌환이 풍성의 영이 되어 옥의 밑을 파서 막야라는 칼과 간장이라는 칼을 얻었다. 여기서는 영남에서 훌륭한 인재들의 시가 보검처럼 귀중하다는 말로 보인다. 王勃〈滕王閣序〉注.

3 솥 안에 단사(丹砂)는 금으로 화하지 않았네: 단사는 주사를 아홉 번 달여서 만든 약. 나중에는 황금으로 화하는데 이를 복용하면 신선이 된다는 희귀한 약이다. 여기서는 저자의 시가 아직 황금으로 화하지 않아 미숙하다는 말이니 자기의 시를 겸양하여 이른 말이다. 『史記』封禪書. "丹砂可化爲黃金".

초가을에 홀로 읊다
初秋獨吟

만경의 연파 속에 한 척의 낚시 배 뜨고
띠집은 작은 수풀 언덕에 붙어 있네.
사는 일에 뒤엉키어 가을에도 꿈이 없고
어렵고 위태한 신세는 늙어서도 걱정일세.
강 달이 처마를 비추니 시원한 기운 집에 가득하고
대 숲의 바람은 창에 들어와 적삼을 스치네.
고향의 경관은 예와 같으니
어느 곳에서 사람을 만나 장대한 유람[1] 이야기할까.

萬頃烟波一釣舟,　　茅齋寄在小林丘.
生涯繚繞秋無夢,　　身世艱危老更憂.
江月入簷凉滿室,　　竹風穿戶吟侵裯.
故山雲物應如昔,　　何處逢人說壯遊.

---

1 장대한 유람[壯遊]: 사마천이 20세 때에 남쪽으로 강회(江淮)·회계(會稽)·우혈(禹穴)·구의(九疑)·원상(沅湘)을 유력하고 북쪽으로는 문사(汶泗)를 건너고 제노(齊魯)의 땅에서 강학(講學)하고 양초(梁楚)를 지나 돌아왔다고 한다. 『史記』권130.

바닷가 산의 봉우리에 올라
登海山絶頂

큰 산 높은 언덕 잠깐 사이에 지나
손에는 청려장 짚고 높은 언덕에 섰네.
용이 푸른 바다에 번득이니 하늘 가운데 비 내리고
자라가 삼신산을 이고 있음에[1] 만 리에서 물결이 오네.
남극이 멀리 임하여 쌓인 기운 나누어지고
북두성이 돌아와 북극을 가리킴에 긴 은하수 막혔네.
천지 사이에서 소요하는 흥취 다하지 않았으니
무한한 사람으로 하여금 모래톱의 학으로 태어나게 하는가.

大麓高丘一瞥過, 手携藜杖立嵯峨.
龍翻滄海中天雨, 鰲倒三山萬里波.
南極平臨分積氣, 北辰回指隔長河.
乾坤不盡逍遙興, 無限人間化鶴沙.

---

1 자라가 삼신산을 이고 있음에: 옛 사람들은 바다 속의 섬은 자라가 등에 지고 있는 것이라고 생각하였다. 『列子』湯問.

몰운대沒雲臺에 올라
登沒雲臺

새벽에 높은 곳에 올라 외롭게 앉아 있으니
위아래 아득하여 한 빛으로 푸르네.
해가 구름 속에서 나오니 만상이 분명해지고
하늘은 땅 밖에 낮아져 먼 바다를 안고 있네.
여러 선인들은 나의 참된 얼굴을 기뻐하고
외로운 학은 하늘에 올라 날개를 펴고 나르네.
봉래산 지척에 두고 선인을 부르러 가지 못하니
스스로 신세가 괴롭고 얽히고 편안하기도 함이 부끄럽네.[1]

曉登高頂坐亭亭,　上下微茫一色靑.
日出雲中分萬象,　天垂地外抱重溟.
群仙喜我眞顏面,　獨鶴凌空舊翅翎.
咫尺蓬萊招不往,　自慙身世苦攖擰.

---

1 스스로 신세가 괴롭고 얽히고 편안하기도 함이 부끄럽네: 인간은 괴롭기도 하고 얽히기도 하고 편안하기도 한 것인데 선인이 되려면 이런 것을 초월해야 함을 뜻한 말이다. 저자가 몰운대에 올라가 선인들과 접촉하고 싶으나 아직 인간의 때를 벗지 못함을 부끄럽게 여긴 것이다. '擰'은 장자에는 '寧'으로 썼다. 『莊子』大宗師.

용당龍堂 뒤 바위 위에 저물녘에 앉아
龍堂後巖上暮坐

먼 변방에서 가을을 슬퍼함에 혼이 끊어질 듯한데
강촌은 다행히도 고향 마을과도 같네.
삼차산의 저문 기운 하늘 끝에서 오고
일곱 점의 뜬 구름 바다와 막혀 있네.
나루터에 소리 나니 어시장 흩어지고
객선엔 달이 없어 밤에 등불 번득이네.
부질없이 밤중에 북극성 바라보니
늙은 이 몸 어느 때 성은에 보답할까.

　　絶塞悲秋獨斷魂,　江村猶幸似鄕園.
　　三叉暮色來天末,　七點浮雲隔海門.
　　官渡有聲魚市散,　旅船無月夜燈翻.
　　北辰空費中宵望,　老矣何時答聖恩.

임시 거처에서 홀로 앉아
僑居獨坐

번거로운 별도 성기어 있고 밤에 외로이 앉았으니
작은 달 강에 잠기고 기러기 물가에 우네.
어둠 속에 작은 등불 반벽에 밝고
시들하게 병들어 가는 잎 앞뜰에서 소리 나네.
거울 앞에 머리가 희어짐을 스스로 슬퍼하고
사람을 만나 푸른 눈으로 대하려 하지 못했네.
북쪽의 거듭된 구름 천 리나 막혔으니
쫓겨난 신하의 심사를 뉘를 빌려 들려줄까.

繁星牢落夜亭亭,　　缺月沈江雁叫汀.
翳翳殘燈明半壁,　　蕭蕭病葉響前庭.
自悲臨鏡頭全白,　　未擬逢人眼更青.
直北重雲千里隔,　　逐臣心事倩誰聽.

밤중에 두견새 소리를 듣다
中宵聞杜鵑

빈산에서 밤에 홀로 두견새[寃禽]¹ 소리 들으니
바다 밖의 외로운 신하 눈물이 옷깃에 가득하네.
집을 둘러 흐르는 물소리는 차갑게 들려오고
산에 가득한 소나무 잣나무 계곡의 기류가 음침하네.
우번虞翻²이 늙음을 탄식했으나 무엇이 도움 되었나
제갈량은 때를 아파하면서 시를 읊었네.³
북쪽의 구름 사이에 북극성 보니
이내 심사를 상제께서 임하여 보시리라.

空山獨夜聽寃禽,　海外孤臣淚滿襟.
繞屋沙泉聲慘洌,　滿山松栢氣蕭森.
虞翻嘆老終何補,　諸葛傷時但一吟.
直北雲間瞻斗極,　箇中心事帝監臨.

1 두견새[冤禽]: 원금은 두견을 이르는 말. 전설에 두우(杜宇)는 촉제(蜀帝)의 이름. 호는 망제(望帝)라고 하였다. 이때 초나라에서 죄인 별영(鱉靈)이 죽었는데 그 시체가 장강의 물을 타고 거슬러 올라가 성도에 이르러 살아나 망제를 보았다. 망제는 이를 보고 자기의 덕이 별영만 못하다고 하여 왕위를 별영에게 주고 자기는 궁을 빠져나오니 그 뒤로부터 두견새가 망제의 원혼이란 이름이 붙여졌다. 『太平御覽』百六十六.

2 우번(虞翻): 삼국 때 오나라 사람. 벼슬은 기도위였다. 복서에 능하였다. 손권이 장소와 함께 신선을 이야기하는데 우번이 말하기를 "저들은 이미 죽은 사람인데 신선을 말하니 세상에 신선이 어디 있습니까?" 하였다. 늙음을 탄식한 일은 미상.

3 제갈량(諸葛亮)은 때를 아파하면서 시를 읊었네: 제갈량은 삼국시대 촉나라 사람. 자는 공명. 시호는 무후. 그는 젊어서 조조가 공융·양수·미형 등을 죽이는 것을 보고 때를 아파하고 시를 지었다. 『史要聚選』「相國」諸葛亮.

풍영정風詠亭에서 벽 위에 있는 시에 차운하다
風詠亭[1], 次壁上韻

높은 정자에 올라 잠깐 쉬니
눈에 들어오는 산천은 많은 시름 사라지게 하네.
비 온 뒤 푸른 풀 언덕에 내는 사라지고
밤이 되자 갈매기 나는 물가에 파도는 이네.
자리를 해도 나는 이미 즐거운 뜻이 적은데
누가 벽에 시를 써서 이런 경관을 머물게 했나.
이로부터 시인은 감개한 마음 많아
백발 되어 바라보니 다시 슬픈 가을일세.

高亭一上暫成休,　滿眼湖山豁遠愁.
雨後烟消靑草岸,　夜來波漲白鷗洲.
當筵我已歡情少,　題壁誰敎物色留.
自是騷人多感慨,　白頭吟望更悲秋.

---

1 풍영정(風詠亭)은 조선 중종~명종 때의 문신이요 학자인 김언거(金彦琚 1503~1584)의 정자이다. 기대승(奇大升)·김인후(金麟厚)·고경명(高敬命)·권필(權韠)·이안눌(李安訥)의 제영(題詠)이 전한다.
김언거는 본관은 광주(光州), 자는 계진(季珍), 호는 풍영(豊咏)이다. 김정(金禎)의 아들로, 김인후(金麟厚)·이황(李滉)·기대승(奇大升) 등과 교유하였으며, 1531년 식년시 병과에 합격하여 사헌부 장령, 금산 군수, 연안 부사를 지냈다. 고봉(高峯) 기대승(奇大升)이 남쪽 지방의 많은 선비들과 풍영정과 서석산(瑞石山) 사이에서 강학하였다. 『高峯續集』 권1에 〈次風詠亭韻〉이 있다.

오언고시

挽申萬戶
寄朴秀才遠基

신만호申萬戶의 만장
挽申萬戶

천지[覆載] 사이에 태어나면
대저 모두 흙으로 돌아가네.
부귀도 족히 기뻐할 일 없고
빈천도 괴로워할 일 없네.
비유하면 하늘에 걸린 별이
크고 작은 것이 모두 기운이 모여 된 것일세.
동서남북 사이에
또한 각각 분수와 주장하는 일 있네.
운행하는 기운이 혹 어긋나고 잘못되면
하루아침에 비처럼 떨어지리라.
미련하고 추한 것은 화하여 돌이 되고
그 밖에 만 가지 어지러운 것은 어떻게 셀 수 있을까.
사람의 몸이 가장 신령하여
처음부터 이오二五[음양오행]의 기운을 부여받았네.
조화의 가는 자취는 물이 흐르는 것 같으니¹
어느 사람이 오래 살아 세상의 시종을 보겠는가.
잠깐 사는 인생은 남가일몽南柯一夢²인데
비린내 나는 더러운 일을 어떤 사람이 하는가.

악한 일을 하면 화가 땅보다 더 무겁고
착한 일을 하면 복은 깃털보다 가벼우니라.
다만 명예나 형벌을 가까이 하지 말고
중도를 따르면서[緣督]³ 이 몸을 돕도록 하라.
지인至人⁴은 지극한 이치에 통달하여
죽음에 이르러 만인의 아버지가 되었네.⁵

1 조화의 가는 자취는 물이 흐르는 것 같으니: 세상의 조화는 가는 자가 가면 또 오는 자가 있어 중단됨이 없다는 말. 사람도 죽으면 대신 자손들이 있어 계속되니 누구든지 오래 살아 이 세상의 처음이나 끝을 보는 사람은 없다는 말이다. 『論語』「子罕」. "子在川上曰: '逝者如似夫, 不舍晝夜'".

2 남가일몽(南柯一夢): 당나라 때 순우분(淳于棼)이란 사람이 느티나무 밑에서 낮잠을 자던 중 꿈에 괴안국왕(槐安國王)의 사위가 되어 20년 동안 남가군을 다스리면서 온갖 영화를 누리다가 깬 고사. 곧 인생은 잠깐이란 말이다. 『異聞集』.

3 중도를 따르면서[緣督]: 연독은 중도를 지키면서 자연에 순응하는 일. 곧 사람은 중도를 지키면서 자연에 순응하고 자기의 몸을 아껴 돕도록 하라는 말이다. 『莊子』養生主. "緣督以爲經".

4 지인(至人): 세속을 초탈하여 무아의 경지에 이른 사람. 『莊子』齊物論. "至人, 神矣".

5 죽음에 이르러 만인의 아버지가 되었네: 관화(觀化)는 죽음을 뜻하는 말로 곧 죽어서 만인의 아버지가 된다는 말. 장자의 사상에서 나온 말이다. 『莊子』至樂. "且吾與子, 觀化而化及我, 我又何惡焉"·『莊子』天地. "雖然, 有族有祖, 可以爲衆父".

인생은 백 년을 한계로 하는데
80세가 된 그대를 누가 감히 넘볼 수 있으랴.
이 노인은 호서지방에서 와서
젊은 날에는 매우 걸출하고 용감하였네.
변방에 놀면서 끝내 돌아가지 못하고
일생 동안 군병의 일[鼙鼓][6]에 종사하였지.
묘한 기능은 버들잎을 뚫을 만하고
힘이 있어 굳세기는 범과 같았네.
부장副將의 지위로 운수가 박하여
끝내 좋은 벼슬자리에 나가지 못하고
백발이 되도록 만호에 불과하니
거친 마을에서 끝내 가난함을 탄식했네.
한 번 병들어 끝내 고치지 못했으니
깊은 정을 누구와 함께 토로할까.
평생 고향을 그리워하는 마음[首丘心][7]은
쓸쓸하게 풀숲 속에 던져졌네.
두 아들이 신령한 상여를 받들고 가니
붉은 깃발은 푸른 강가로 가네.

---

6 군병의 일[鼙鼓]: 비고는 군중에서 사용하는 큰 북과 작은 북. 곧 군진(軍陣)을 뜻하는 말이다. 『禮記』 樂記. "君子聽鼓鼙之聲, 則思將帥之臣".

7 고향을 그리워하는 마음[首丘心]은: 수구심은 여우가 죽을 때 머리를 자기가 살던 굴 쪽으로 둔다고 하여 생긴 말. 고향을 그리워함을 뜻하는 말이다. 『禮記』 檀弓上. "狐死正丘首".

슬프다, 머문 곳을 떠나는 그의 마음을
멍하니 바라본들 무슨 도움이 될까.
내가 말하건대 죽고 사는 이치는
천도가 하는 일이니 사람이 감히 화를 낼까.
다만 살아서나 죽어서나 두 일에 유감이 없이 할 일이지
다른 나머지는 모두 취할 것이 없네.
좋은 계절에 발인의 수레 움직이니
박하게 음식을 갖추어 조도祖道의 제사에 나아갔네.
나 또한 죽게 된 사람이니
눈물을 뿌리며 강가에 임하였네.

有生覆載內,　　大抵歸于土.
富貴不足喜,　　貧賤未爲苦.
比如麗天星,　　大小皆氣聚.
東西南北中,　　亦各有分主.
運氣或乖闕,　　一朝隕如雨.
頑醜化爲石,　　紛萬何足數.
此身雖最靈,　　初稟二與五.
逝者固如斯,　　何人久覷覷.
忽忽南柯夢,　　孰能餐腥腐.
爲惡禍重地,　　爲善福輕羽.
但勿近名刑,　　緣督以爲輔.
至人洞至理,　　觀化爲衆父.
人生限百年,　　八十誰敢侮.

此老湖西來, 少日甚雄武.
遊邊遂不歸, 一生隨鼙鼓.
有技妙穿楊, 有力健如虎.
偏裨坐數奇, 竟莫紆簪組.
白髮只萬戶, 荒村嘆終窶.
一疾竟難醫, 深情誰與吐.
平生首丘心, 錯莫棄草莽.
二子奉靈櫬, 丹旐綠江滸.
哀哀去住心, 惘惘終何補.
我言死生理, 天道人敢怒.
但當兩無憾, 餘外都無取.
良辰動去靭, 薄具聊出祖.
我亦濱死人, 灑泣臨江浦.

수재秀才 박원기朴遠基에게 부치다
寄朴秀才[1]遠基

풀은 푸르고 꽃놀이 한창인데
봄볕은 따뜻하기만 하네.
빈 들보 위에는 제비 소리 예쁘고
작은 연못에는 맑은 물 가득하네.
청려장 짚고 뜰가를 거니니
창연한 생각 나의 짝이 그립네.
산중에 한 번 발을 들여놓더니
지척에서 소식이 끊어졌네.
어젯밤에 광풍이 불어
꿈과 혼이 중도에 흩어졌네.
짧은 시간도 아껴 글을 읽어
돌아와 게으른 나를 위로하라.

---

1 수재(秀才): 수재는 장가를 들지 않은 남자를 높여 부르는 말. 도령. 『古今釋林』 釋名.

草綠花事闌, 春陽正暄暖.
空樑燕語嬌, 小塘清水滿.
杖藜步庭除, 悵然懷我伴.
山中一投跡, 咫尺音信斷.
昨夜狂風吹, 夢魂中道散.
寸陰當自惜, 歸來慰疎懶.

칠언고시

古劍篇, 寄左水伯, 乞裝

「고검古劍」편을 지어 좌수백左水伯에 부쳐 표구하기를 바라다
古劍篇, 寄左水伯, 乞裝[1]

고검이 당계(棠溪)[2]에서 나는 금속으로 만들어지니
빛나는 광채는 곤오도(昆吾刀)[3]를 만드는 용광로에서 펄펄 뛰네.
초나라 사람이 깊숙한 곳[天外]에 기대어 두려 하였는데
칼은 그곳을 피하여 날아 오나라로 들어갔네.
오나라 사람들은 신명한 물건인지 모르고
억지로 이름을 담로(湛盧)[4]라 하였네.
이리하여 칼은 숨어 보이지 않아
땅에 들어가 천년 동안 암수가 함께 있었네.

---

1 여기서 고검은 중국 고대의 명검(名劍)을 말한다. 일찍이 중국의 북방에는 청동을 제련하는 기술이 발달하였고 남방에는 제철의 기술이 발달하여 명검이 많이 나왔다. 막야(莫耶)·간장(干將)·거궐(巨闕)·어장(魚腸)·담로(湛盧)·용천(龍泉) 등은 모두 유명한 검 이름이다. 여기서는 좌수백이 누구인지는 모르나 상대방이 좌도수군절도사라는 무장이기 때문에 검을 주는 것으로 가상하여 이 시를 지어주고 표구를 하여 걸도록 한 것으로 보인다.
2 당계(棠溪): 춘추시대 초나라의 땅. 하남성 수평현의 북서쪽에 있다. 이곳에서 생산되는 철은 강하여 검의 재료로 쓰고 그 검을 당계지검(棠溪之劍)이라 하였다.
3 곤오도(昆吾刀): 칼 이름. 곤오석을 제련하여 얻은 철로 만든 칼로 천하의 명검이다. 『海內十洲記』鳳麟洲.
4 담로(湛盧): 산 이름. 복건성 송계현에 있는데 춘추시대 구야자(歐冶子)란 사람이 이곳에서 칼을 만들었다고 하여 칼 이름으로도 쓰인다. 『越絶書』外傳記 寶劍.

정광精光은 밤마다 천지에 쏘아
기운이 구만장천에 올라 구름 사이에 서렸네.
별들은 길을 잃고 달리면서 서로 피하여
상제上帝에게 호소하기를 구구하게 하였네.
상제는 이르기를 "신령한 물건이라 견제할 수 없다" 하여
우선 잠깐 나와 사람들을 따르게 하였네.
인간 세상에서 사람의 물건이라 모두 멀리 하는데
칼이 갈 곳 없어 한밤중에 울어대네.
나는 옛날에 술에 취하여 장강가에 누웠는데
꿈에 어떤 장부가 와서 부축하였네.
그의 형신은 백 번이나 제련한 강철과 같아
호매豪邁하고 늠름한 기세는 만인 중에 으뜸이었네.
내가 일어나 그에게 막야莫耶⁵라고 부르니
칼은 몸 곁에 있어 항상 외롭지 않았네.

---

5 막야(莫耶): '莫邪'로도 쓴다. 명검 이름. 『荀子』 性惡. "闔閭之干將, 莫邪·鉅闕·辟閭, 此皆古之良劒也".

아! 이것은 하늘이 주신 것이니
내가 너를 지니지 않으면 어찌하리오.
너는 어찌하여 금장자수金章紫綬[6]에게 돌아가
옥당금마玉堂金馬[7]에서 함께 머뭇거리지 않았나.
너는 어찌하여 오릉五陵[8]에 놀면서 사냥하는 아이들에게 돌아가
눈 속에서 천년 묵은 여우의 목을 자르지 못하였나.
백발 서생에게는 너무도 시고 맛없는 술이라
쓸모없기가 위왕魏王의 표주박[9]과 다를 것이 없구나.
어찌하여 스스로 나를 따라 왔는가
아마도 내 몸을 보호하려고 왔는지.
사람들은 모두 나를 싫어하는데 너만 홀로 따르니
세상에서 오직 네가 죄없는 나를 가엾이 여기는구나.

---

6 금장자수(金章紫綬): 황금의 인장과 자색의 인끈. 고관대작을 뜻하는 말이다. 『晉書』輿服志.

7 옥당금마(玉堂金馬): 옥당전(玉堂殿)과 금마문(金馬門). 옥당전은 한나라 때 미앙궁의 부속 전각이고 금마문은 궁내 관서의 문으로 둘 다 학사들이 천자의 명령을 기다리던 곳이다. 薩都刺〈將至太平驛卽興〉. "玉堂金馬雖云貴, 白酒黃鷄不論錢".

8 오릉(五陵): 장안의 부근에 있는 다섯 능. 여기서는 장안의 부근에서 노는 귀한 집 자제들을 가리킨 뜻이다. 揆敍〈鷹坊歌〉. "五陵年少頗好事, 愛玩豈惜千金償".

9 위왕(魏王)의 표주박: 장자의 우화에 나오는 말. 위왕이 장자에게 큰 박씨를 주어 밭에 심었더니 박이 달려 익은 후에 따고 보니 5석의 곡식을 넣을 만하였다. 물을 담았더니 너무 커서 운반할 수가 없었고 쪼개어 표주박으로 사용하려고 하였더니 평평하여 물이 떠지지 않았다. 곧 이 박은 너무 커서 쓸모가 없다는 말이다. 여기서 본인 서생에게 이 명검은 마치 큰 박과 같아 쓸모가 없어 별 재미가 없다는 말이다. 『莊子』逍遙遊.

삼시三時에 씻고 씻어 북두성처럼 무늬가 빛나니
칼 빛을 촛불에 비추니 눈썹과 수염을 볼 수 있네.
남쪽 지방은 땅이 멀어 요사한 물건이 많은데
나는 첩첩 산 구석진 곳에 끼어 있을 뿐일세.
용과 뱀이 섞여 살고 범과 표범이 으르렁대며
때로는 (맹수가) 홀로 나와 궁한 길에서 놀라게 하네.
칼이여! 칼이여! 너는 나를 지켜다오
날마다 너를 상대하여 아침저녁을 보내노라.
누선장군樓船將軍[10]이 바다 위에 있어
나와 더불어 옛정이 있어 나의 어리석음을 가여워했네.
지금 나라에서 장성長城처럼 의지하여
남쪽으로 야만족을 치지 않으면 서쪽으로 호인胡人을 치리라.
너는 가서 뵙고 너의 공적을 더욱 빛내고
너는 송환을 기다리지 말고 잠깐 있다 오라.
아! 어떻게 너를 보내나
두 살쩍 흰 머리를 띤 이 몸 있으니
너와 함께 큰 소리로 노래해도 해로울 것 없으리라.

---

10 누선장군(樓船將軍): 누선은 수군을 이르는 말. 누선장군은 수군의 장군을 이르는 말이다. 『後漢書』南蠻傳. "遣伏波將軍馬援, 樓船將軍段志".

古劍出自棠溪金, 輝彩躍騰昆吾爐.
楚人嘗欲倚天外, 劍乃避之飛入吳.
吳人未識神明物, 遂强名之曰湛盧.
劍於是焉隱不見, 入地千載雄雌俱.
精光夜夜射天地, 氣凌九萬蟠雲衢.
星辰失躔走相避, 仰訴天帝言區區.
帝謂神物不可制, 姑令暫出隨人徒.
人間人物摠刅然, 劍無所歸中夜呼.
我昔醉臥長江邊, 夢有丈夫來相扶.
形神有似百鍊剛, 爽氣凜凜雄萬夫.
我爲之起一呼邪, 劍乃在傍身不孤.
吁嗟此是天所與, 我不汝携何爲乎.
汝胡不歸金章紫綬人, 玉堂金馬相跙躇.
汝胡不歸五陵遊獵兒, 雪中斫斷千年狐.
白頭書生太酸薄, 無用不殊魏王瓠.
胡爲自來從我爲, 臆對盖欲護微軀.
人皆背面汝獨從, 世間惟汝哀無辜.
三時拂拭星斗文, 光芒照燭瞻眉鬚.
南荒地遠足妖怪, 況我介在千山隅.
龍蛇雜處虎豹號, 有時獨出驚窮途.
劍乎劍乎汝守吾, 日日相對窮朝晡.
樓船將軍在海上, 與我有故憐我愚.

當今國家倚長城,　　　南不征蠻西擊胡.
汝往見之增汝彩,　　　不待送還來須叟.
嗚呼, 曷歸.
兩鬢霜雪一身在,　　　與汝不妨歌烏烏.

풍암정 제영

楓巖亭 題詠
遊楓巖記

풍암정 제영
楓巖亭 題詠[1]

그리운 님은 흰 구름 사이에 있는데
꿈속에서 아련히 푸른 산만 안고 돌았네.
맑은 이슬에 옷 적시며 서늘한 대숲을 지나고
시내 바람을 옆에 끼고 푸른 솔숲을 건너네.
장생보결長生寶訣은 간곡한 이치이니
연수영방延壽靈方을 자세히 보았노라.
때로 잠에서 깨어 놀라 일어나 앉으니
새벽하늘 맑은 이슬 가을 산에 막혔네.

相思人在白雲間,　　魂夢依依繞翠巒.
淸露濕衣過竹冷,　　溪風挾腋度松寒.
長生寶訣丁寧理,　　延壽靈方仔細看.
枕上與時驚起坐,　　曉天晴露隔秋山.[2]

　　　　　　　　　　　　　　林植

1 풍암정은 풍암(楓巖) 김덕보(金德普)가 지은 정자로, 『여지도서』「광주읍지」 누정 편에 "在州東二十里, 執義金德普所構"라 하였다. 현재 광주광역시 북구 금곡동 산 718번지로, 풍암정에는 총 10개의 현판이 있는데, 게판(揭板)된 시가 『無等文化』 제14호(광주광역시 북구문화원, 2009)에 실려 있다. 여기서는 중복되었거나 제영 과 무관한 것은 뺐었고, 이안눌의 시는 『여지도서』를 참고하여 새로 첨가하였다. 풍암정(楓巖亭)은 현재 풍암정사(楓巖精舍)로 현판이 되어 있고, 광주광역시 지정 문화재 기념물 자료 제15호로 지정되어 있다.

2 이 시는 송파(松坡) 임식(林植)의 작품으로 『松坡遺稿』에는 없다. 『송파유고』에 이 시와 같은 운을 써서 지은 〈再用前韻仰謝金公楓巖德普〉가 한 수 있고, 이어 이에 김덕보가 차운한 시가 두 수 실려 있다. 『역주 송파유고』, 충북대학교 출판부, 2010 참조.

늦게야 단풍나무 산비탈에 두어 칸 집 지으니
바위 앞엔 긴 대나무요 시내엔 에두른 첩첩 산.
남쪽을 향한 창은 한겨울에도 따뜻하고
물가에 임한 정자는 한여름에도 차갑네.
영약을 캐고자 마냥 신선 따라 땅을 파고
좋은 책은 때로 야인에게 빌려다 본다네.
몸 부친 곳이 이냥 편하고 한가한데
바다 밖 봉래산은 찾아서 무엇하리.

晩結楓崖屋數間,　巖前脩竹溪重巒.
向陽簷牖三冬暖,　臨水亭臺九夏寒.
靈藥每從仙侶斸,　好書時借野人看.
捿身自有安閒地,　何用蓬壺海外山[1]

金德普

1 이 시는 김덕보의 〈謾詠〉이다. 김덕보(金德普 1571~1627)는 본관은 광산(光山), 자는 자룡(子龍), 호는 풍암(楓巖)이다. 붕섭(鵬燮)의 아들이고, 의병장인 덕령(德齡)의 동생이다. 1592년(선조 25)에 임진왜란이 일어나자 담양부사 이경린(李景麟), 장성현감 이귀(李貴) 등의 권고로 형 덕홍(德弘)·덕령(德齡) 등과 함께 의병을 규합하여 전라도 곳곳에서 왜군을 격파하였다. 그 뒤 덕홍이 고경명(高敬命)과 함께 금산에서 전사한데다가 덕령이 무고에 의해 옥사하자 향리에 돌아가 세상의 일에는 뜻을 두지 않고 학문연구에만 힘을 기울였다. 1627년(인조 5) 정묘호란이 일어나자 안방준(安邦俊)과 함께 의병을 일으켰으나 노병이므로 전장에는 나가지 못하고 죽었다. 1785년(정조 9) 전라도 유생 기석주(奇錫周) 등의 상소에 의해 큰형 덕홍과 함께 포상, 추증되었다.

시월이라 산중은 아직 춥지 않은데도
오히려 뜰엔 국화가 만발하네.
된서리[淸霜]는 예로부터 시인이 좋아했으니[1]
백주白酒[2]가 어찌 손님을 꺼리리.
사마상여는 무릉 땅에 병으로 눕고
도연명은 벼슬 버리고 술만 마신다.
내일 아침 서풍이 곧 불어닥치면
아득한 온 숲에 옛 소리 구슬프리.

十月山中寒未廻,　　黃花猶自滿庭開.
淸霜久借騷人玩,　　白酒豈嫌佳客來.
只是茂陵然病肺,　　不緣陶令止含盃.
明朝捲地西風急,　　遠遠千林舊響哀.[3]

　　　　　　　　　　　　　　　林檜

---

1 된서리[淸霜]는 예로부터 시인이 좋아했으니: 된서리[淸霜]는 국화를 말한다. 도연명(陶淵明)은 된서리[淸霜] 아래에서 피는 국화꽃을 좋아했다. 도연명의 〈화곽주부(和郭主簿)〉 시에 "숲길에 피어 빛을 발하는 향기로운 저 국화여,……우뚝 된서리 아래 걸물이 되었도다.[芳菊開林耀……卓爲霜下傑]"라고 하여 국화를 '상하걸(霜下傑)'로 묘사한 대목이 나온다. 『陶淵明集』권2.

2 백주(白酒): 도연명(陶淵明)이 중양절에 술이 없어 울 밑에서 속절없이 술에 띄울 꽃잎만 따고 있던 차에, 백의(白衣)를 입은 사람이 백주(白酒)를 싣고 왔는데, 그는 바로 강주자사(江州刺史) 왕홍(王弘)이 보낸 사람이었다 한다. 『南史』隱逸傳.

3 이 시는 관해(觀海) 임회(林檜)의 작품인데 『觀海遺稿』에는 없다.

대낮에 무슨 일로 사립문을 닫아걸고
오롯이 세속과 오가는 연 끊었는가.
책상에는 황정경黃庭經[1] 있고 동이엔 술 있으니
이 늙은이 한가로움을 세상 사람 누가 알랴.
풍암의 물과 돌은 예와 다름이 없는데
십 년을 돌아다니느라 나막신만 닳았네.
좋은 일은 지금에 꿈속의 일이 되었고
백발의 형역 내 자신이 가련하구나.

明時何事掩柴關, 獨向塵問斷往還.
案有黃庭樽有酒, 世人誰識此翁閒.
楓岩泉石故依然, 蠟屐從遊已十年.
勝事至今空夢想, 白頭形役自堪憐.[2]

鄭弘溟

---

1 황정경(黃庭經):『黃庭經』은 신선이 읽는다는 책으로, 흔히 도가의 경전을 통칭하는 말로 쓰인다.
2 이 시는 기암(畸庵) 정홍명(鄭弘溟)의 작품인데『畸庵集』에는 없다.

옛 마을 친구가 몇이나 남았는가
그대와 아침저녁으로 자주 만났지.
죽상에서 한가롭게 나누던 맑은 얘기
관중關中·낙양洛陽¹에 가을바람 부니 백발이 새롭네.
비와 구름 같은 세상 인정은 관포管鮑²에게 부끄럽고
칠과 아교漆膠³ 같은 마음은 뇌진雷陳⁴을 비웃는구나.
게으름이 병이라 하던 풍암 그대는
시종 빛을 감추고 참된 본성을 길렀구려.

故里親朋有幾人,　與君朝暮往來頻.
竹床暇日淸談會,　關洛秋風白髮新.
雲雨世情羞管鮑,　漆膠心事笑雷陳.
寄言懶病楓巖子,　終始韜光學養眞.⁵
　　　　　　　　　　　　安邦俊

1 관중(關中)·낙양(洛陽): 중국 관중(關中)의 장재(張載)와 낙양(洛陽)의 정호(程顥)·정이(程頤). 여기서는 가까운 벗인 김덕보와 안방준이 어느새 늙었다는 말이다.
2 관포(管鮑): 춘추 시대에 제(齊)나라 관중(管仲)과 포숙(鮑叔)의 끈끈한 우정.
3 칠과 아교(漆膠): 교분이 매우 두터워서 서로 떼어 놓을 수 없는 관계를 비유할 때 쓰는 말.
4 뇌진(雷陳): 후한(後漢)의 뇌의(雷義)와 진중(陳重)같이 우정이 대단히 두터운 사이.
5 이 시는 김덕보의 벗 우산(牛山) 안방준(安邦俊)의 〈贈金楓巖德普〉로 『隱峯全書』 권1에 실려 있다.

성품이 본래 유랑을 좋아하니
이르는 곳은 맑은 시냇가.
황관을 쓴 두세 사람이
속세를 벗어나 현담을 나누네.
맑은 백옥 같은 물은
산꼭대기로부터 나오고
푸른 소나무는 좌우에 있고
머문 구름 산 앞에 어둡네.
단풍 숲은 빽빽이 서로 비추고
정히 맑고 화창한 하늘에
깍깍 우짖는 때까치[百舌][1] 소리
그 소리에 한가로운 단잠에서 깨네.
푸른 풀은 바위 구멍에서 나오고
용추 폭포는 큰 돌에 걸렸네.
지극한 즐거움 누가 알리
가히 흉금을 씻어내리.
초당은 어찌 이리도 쓸쓸한가
분수에 맞아 해를 보낼 만해.
속세의 일일랑 말도 마시게
되려 몸은 신선이 된 듯하니.

---

1 때까치[百舌]: 백설(百舌)은 새 이름. 백로(伯勞 : 때까치)의 일종.

골몰한 세간 아이
수고로이 어쩌자고 구속된담.
다시 만날 날 어느 때일까
훗날 만남에 어찌 인연 없으리.
스님이 한 병 술을 가져와
둥근 물가 바위에 마주 앉았네.

性本愛浪遊, 行到淸溪邊.
黃冠二三子, 脫俗空語玄.
淡淡白玉水, 出自山之巓.
靑松生左右, 宿雲暗山前.
楓林鬱相映, 正當淸和天.
間關百舌聲, 啼覺閒中眠.
靑草出巖穴, 龍湫巨石懸.
但恐俗人知, 莫向風塵傳.
至樂誰人識, 胸襟可以湔.
草堂何寂寥, 安分可送年.
莫道塵寰事, 還疑身作仙.
汨汨世間兒, 勞勞何所牽.
重逢在何日, 後會豈無緣.
僧持一壺酒, 坐對泉石圓.[2]

李安訥

---

2 이 시는 동악(東岳) 이안눌(李安訥)의 작품이다. 『여지도서』 「광주읍지」 누정편 풍암정 제영을 참고하였으며, 시 끝에 "風光與物色, 盡此詩一篇"이라 하였다.

늙은 몸 자연 속에 소요하노라니
앞산에 어리비친 집과 연무 낀 봉우리.
듣기로는 단풍나무 줄을 지어 벌여 있고
바위 사이 흐르는 시내 한여름에도 차갑다 했지.
신령한 경개 우연히 시구를 따라 나오니
무릉도원을 그림으로 볼 필요 있을까.
내 장차 이곳 송설松雪 속에 몸을 부치고
훗날에나 용을 타고 해산海山에 들리라.

投老逍遙水石間,　　南山映屋簇煙巒.
傳聞楓樹千章列,　　復道巖流五月寒.
靈境偶隨詩句落,　　桃源不必畵圖看.
吾將此地棲松雪,　　然後乘螭入海山.[1]

林億齡

---

1 이 시는 석천(石川) 임억령(林億齡)의 〈次楓溪韻〉으로 『石川詩集』 권6에 있다.

나무 푸르고 돌은 더욱 기이하니
골짜기가 그윽한 자태 아닌 곳이 없구나.
우연히 매화 그림자 빗긴 곳 찾아와
한가롭게 은하수 같은 폭포를 보고 있네.

  木益蒼蒼石益奇, 洞天無地不幽姿.
  偶來梅影橫斜處, 閑看銀河倒掛時.[1]
              高敬命

외로운 대숲이 그대에게 절로 기이함을 보태주니
곁을 모시는 옥 같은 여인의 자태 남아 있구나.
아쉬워라 숲 밖의 일천 봉우리 달빛
산 그림자 넘실거린 술잔에 비춰 줄 때 볼 수 없으니.

  孤竹添君更自奇, 玉妃傍侍有餘姿.
  惜無林表千峯月, 照見山杯瀲灩時.

---

1 이 시와 아래의 시는 제봉(霽峯) 고경명(高敬命)의 〈楓溪, 次剛叔季明二君韻〉으로 『霽峯集』 권2에 실려 있다.

천지간에 넘치는 한 기운
부딪치면 물이 되고 맺히면 산.
봄철 처사가 돌아오니 꽃다운 숲 고요하고
해 저문데 장군의 나무엔 바람이 차구나.
예로부터 올라오면 슬픈 이곳에서
지금 노래와 술로 흐느끼며 마주 대하네.
텅 빈 정자 초목이 지키고 섰는 듯하니
나무꾼들아, 이 산에 오르지들 마시라.

一氣盈盈天地間, 　　激爲流水結爲巒.
春歸處士芳林靜, 　　日暮將軍大樹寒.
從古登臨悲此地, 　　即今歌酒泣相看.
虛亭草木如相守, 　　爲語樵人莫上山.[1]

鄭在誠

---

1 이 시는 금서(金嶼) 정재성(鄭在誠)의 〈次壁上韻〉이다.

양기가 기성箕星과 북두성北斗星 사이에 밝더니
지금엔 골짜기에 서려 있다가 봉우리를 불태우네.
장군 아우 있어 매화 그림 부쳐왔건만
열사 형이 없으니 초가집 차가워라.
무슨 일로 물소리는 밤새도록 성내고
단풍잎을 소인들로 하여금 볼 수 없게 막았는가.
전쟁이 만일 임진년 계사년에 멈추었다면
큰 산 작은 산에서 휘파람 불며 함께 즐거워했으리라.

陽氣昭森箕斗間,　　至今盤崛火炎巒.
將軍有弟梅圖付,　　烈士無兄草閣寒.
何事水聲終夜怒,　　莫教霜葉小人看.
干戈若空龍蛇歲,　　舒嘯同歡伯仲山.[1]

鄭在勉

---

1 이 시는 송강 정철의 후손이며 문장가로 알려진 송사(松沙) 정재면(鄭在勉)의 작품이다.

아스라한 풍암정 이 세상 제일이야
산이 층층이 줄지어 푸른 비취색 주렴을 펼친 듯.
지경은 신이 보호하사 천년을 건재하고
물은 신령한 원천에 잇대어 한여름에도 차갑네.
돌베개 베고 누운 사람 병 속에 숨어 있는 듯하고
평상에서 바라보는 가을 풍경 그림을 보는 듯하네.
후손이 평천平泉¹의 옛집을 보호하고 있으니
빙 두른 푸른 산은 옛 풍광 그대로라네.

縹緲亭臺絶世間, 滿簾蒼翠列層巒.
地因神護千年在, 水接靈源五月寒.
枕石人如壺裏隱, 扁床秋似畵中看.
殘孫可保平泉宅, 依舊風光繞碧山.²

金致福

---

1 평천(平泉): 당나라 때 대부호 이광의 별장.
2 이 시는 충장공 김덕령(金德齡)의 후손 김치복(金致福)의 작품이다. 김치복의 호는 지지당(遲遲堂)이며, 1805년 문과에 급제하고 정언을 역임하였다.

유풍암기
遊楓巖記[1]

　서석산瑞石山은 웅장하기가 호남에서 으뜸간다고 하는 것은 수석의 기이함이 많은 까닭에 그렇게 불린 것이다. 그 남쪽에 사인암舍人巖이 있는데 돌의 형상이 더욱 기이하다. 그 아래 사찰이 알맞은 지형에 들어서 있는데, 높고 가파른 곳이 많아서 다니기가 위험하여 인적이 드물다. 내가 남쪽에 내려와 산 지가 오래되었는데 본래 각기병을 앓아 10분의 2, 3정도 밖에 찾아다니지 못해서 지극한 한으로 여겼다.

　금년 겨울에 우연히 병이 있어서 산방에서 묵으며 음울한 마음을 달래고자 돌아보았지만 오르기가 어려웠다. 어떤 이가 풍암楓巖은 이곳으로부터 몇 리 안 되는 거리인데 거처할 만한 조그만 감실이 있다고 말했다. 내가 너무 기뻐서 말을 달려 감실에 이르니 과연 외진 곳에 그윽하고 고요한 정취가 있었다. 매양 밥 먹기를 마치면 같이 사는 두세 사람과 함께 바위 아래를 소요하다가 풍암楓巖이란 이름을 얻게 된 까닭을 궁구해 보았다.

---

1 이 글은 정홍명(鄭弘溟 1582~1650)의 작품인데, 현재 풍암정에 〈楓巖記〉라는 제목으로 게판되어 있다. 글의 말미에 "崇禎後四辛未二月, 初吉, 揭板"이라 하여 1811년에 판각하여 걸었음을 알 수 있다. 그러나 이 글은 『畸庵集』續錄 卷11에 〈遊楓巖記〉로 되어 있는바, 여기서는 문집에 있는 제목을 그대로 적는다.

큰 바위 사이에 단풍나무 백여 그루가 있는데 시내와 못에 빙 둘러서 비친다. 바야흐로 가을 서리 맞은 잎이 물에 잠기니 물빛이 물들인 것처럼 아름다웠다. 시냇물은 매우 빨리 흐르며, 또 많은 돌로 물의 흐름이 빙 돌아 얽혀져서 깊은 웅덩이를 이루기도 하고, 그 소리가 돌 떨어지는 소리처럼 맹렬하여 벼락 치는 것 같아 움츠러들 만했다. 장마로 물이 불어 밀치면 다투어 빠르고 거세어 골짜기의 벼랑이 파였고, 물가에 다니는 자는 귀가 서로 막혀서 알아듣지 못하니, 이 때문에 여름날에는 사람들이 거처하기 싫어하였다.

내가 찾아온 때는 마침 추운 때여서 물이 줄어 바위 자태가 그대로 드러나 그 참모습을 잘 볼 수 있었다. 감실로부터 몇 걸음만 지나 흐르는 물 사이의 돌을 딛고 건너면, 바위틈에 소나무가 있는데 높이는 한 장 남짓하고 그 뿌리는 드러나 베고 잘 만하였으며, 가지와 잎은 수면을 어름어름 덮었다. 바위의 모양은 넓고 평평하여 십여 명이 벌려 앉을 수 있었다. 그 아래는 물이 모여 못을 이루어 고기를 잡을 수 있고, 못으로 인하여 그 아래는 물이 더욱 맑고 돌은 더욱 기이하였다. 높이 오르면 넓고 평평한 정상이 있어서 즐겁게 놀 수 있는 곳이 있는가 하면, 그 모습이 떨어질 듯이 험준하여 멀리서 우러러 보기만 하고 오르지 못하는 곳도 있다. 안석 같은 것은 의지할 만하고 넓적한 것은 음식을 늘어놓을 만하였다. 웅덩이 같은 것은 술잔을 띄울 만하고 바둑판 같은 것은 바둑알을 튕길 만하였다. 이처럼 천백 가지 형상이 있어 물가의 모래는 부드럽고 나무는 덮어 그늘 지으니 곳곳의 경색이 각각 다르다. 이것을 얻으면 저것을 잃고, 새로운 것을 보게 되면 옛것을 잃어버리니, 가히 한두 마디로 말할 수 없고, 새로 정자를 지은 때라서 이름이 없었다.

나와 두세 사람이 종일토록 구경하다가 마치고 돌아오려 하니 (다정한 연인을) 이별하는 듯 돌아보게 되고 얻은 바가 있는 것처럼 마음이 즐거웠다. 무릇 10여 일을 머물면서 나가 놀지 않은 때가 없었고, 놀 때마다 반드시 기이한 모습을 보았다. 아! 참으로 승경 중의 승경이었다. 내가 서석의 모든 승경을 두루 편력하지는 못했지만, 이곳의 위로부터 산허리까지 이른바 이름 있는 사찰은 모두 한두 번 유람하였다. (그러나) 수석이 이곳을 따를 만한 곳은 없었다. 또 괴이한 것은, 마을의 촌락으로부터 몇 리밖에 떨어지지 않았는데 이런 승경이 있다는 것이고, 옛날에는 알려져 있지 않던 것이 지금에 드러나는 것은 우연이 아니라 그 또한 만남에 의해 이루어진다는 것이다. 아! 땅도 역시 이러한 만남에 의해 그 이름이 세상에 알려지게 되는 것인가.

처음 이 땅을 얻어 조그만 감실을 지은 사람은 광산光山 김金, 자는 자룡子龍이다. 젊어서부터 속세를 버리고 때로 이곳을 찾아 근심을 풀어 없애니, 물어 보지 않아도 그 사람됨을 알 수 있다.

이를 기록한 사람은 스스로 호를 기와산인畸窩散人이라 한다. 때는 만력 갑인년(1614) 동짓날 16일이다.

瑞石山, 雄稱南服, 以其水石多奇異, 故見稱云. 其南有舍人巖, 石狀尤奇. 其下寺刹得地, 多峻仄危涉, 人跡罕到. 余居南中久, 素患脚氣, 未能探歷十之二三, 以爲至恨. 今年冬, 偶有微恙, 欲棲宿山房, 以暢湮鬱, 顧以登陟爲難. 或謂楓巖去此才數里, 有小龕可棲. 余喜甚, 卽騎馬到龕, 果僻靜有趣. 每飯罷, 與同棲二三子, 逍遙巖下, 究所以得名者. 夾巖上下, 有楓樹百餘, 環映溪潭. 方秋霜葉蘸水, 水色如染可愛. 溪流甚駃悍, 且以多石,水勢縈紆沈伏, 其聲硌磕如雷, 可擾. 湏漲則奮迅激勵, 匯蠻崖谷, 水邊行者, 耳相帖不了言語, 以此夏月居人病之. 余來適値寒沍水縮, 巖姿呈露, 得其眞骨相甚悉. 蓋自龕數步許地, 緣流蹋石而渡, 有松植巖虢, 高可丈餘, 其根露可枕, 其枝葉迤覆水面. 巖勢寬平, 可列十數人. 其下水凝綠成潭可漁, 由潭以下, 水益淸石益奇. 有高起而夷頂可據以嬉者, 有峭而隒, 可仰不可躋者. 如几者可凭, 如盤者可飣飽. 窪如而可汎觴, 枰如而可殫棋. 如是殆千百狀, 水濱沙必軟, 樹必蔭覆, 處處境色各殊. 得此而遺彼, 翫新而失舊, 不可一二言, 以新卜築時, 皆未有名稱. 余與二三子窮日樂玩, 旣罷歸, 眷然如別, 怡然如有得. 凡留十許日, 未嘗不出遊, 遊必得其異狀. 吁! 境之勝之尤焉者也. 余於瑞石, 固未能遍歷諸勝, 然由此以上至山腰所謂名寺刹, 蓋嘗一二遊矣. 水石不及此遠甚. 又怪其不離村閭數里, 而能有此勝, 所謂蔽於古而顯於今, 殆非偶然, 其亦有遇而成. 嗚呼, 地亦有所遇而成焉者耶. 始得此搆小龕者, 光山 金子字子龍. 少乖於俗, 時往來消釋憂悁, 不問可知其人. 記此者余, 自號畸窩散人云. 時萬曆甲寅至月旣望也.

잡저

逍遙閣記
祭睡隱姜太初沆文
處士金公大成墓碣銘
處士宋公齊民墓誌

소요각기
逍遙閣記

　파평 윤이술尹而述 군이 화산花山(경북 영천 신녕)의 수령으로 나간 이듬해에 관아의 남쪽에 건물을 세우고 소요각逍遙閣이라 이름을 하고 편지를 보내어 나에게 기문記文을 요청하였다. 이술은 젊은 나이에 재주 있는 사람으로 그의 문장은 곧바로 양형楊炯·왕발王勃·노조린盧照鄰·낙빈왕駱賓王(초당의 문장)과 더불어 우열을 다투는데, 이 건물에 또 상량문이 있어 사람으로 하여금 읽을 때 신선이 되어 나는 기분이 있어 세속 밖으로 그 생각을 끌지 않음이 없음이니 어찌 나의 붓을 빌어 기문을 쓰려는가? 꼭 나의 기문을 구하려 하는 것은 내가 세상 밖에 거닐면서 소요하는 즐거움에 터득한 것이 있어 이를 발휘하게 하려함이 아닌가 싶었다.
　대저 속에 터득한 바가 있으면 밖으로 사모하는 것이 없고 밖으로 사모하는 것이 없으면 즐거움이 온전한 바가 있는 것이다. 오직 즐거움이 온전한 바가 있은 연후에라야 능히 마음 내키는대로 하면서 여유 있게 거닐 수가 있는 것이니, 소요라는 것은 곧 여유 있게 거니는 것을 말하는 것이다. 옛날에 장주莊周¹가 능히 여유 있게 자적하였으니 대붕大鵬으로 그 큰 것을 비유하고 박새[斥鷃]로 그 작은 것을 비유하고 일찍 죽는 것은 아침에 나는 버섯 같은 것이 있고 오래 사는 것은 대춘大椿²이란 나무가 있으니 모두 하늘의 이치를 터득하여 작고 크고 오래 살고 일찍 죽는 이치에 자적한 것이다. 요·순·우·탕왕의 천하에 대해서와 공자·맹자·정자·주자의 도학에 대해서와 굴원屈原·가의賈誼³의 충분과 한유韓愈·유종원柳宗元의 문장은 모두 스스로 그에 맞는 도리에 여유 있게 자적하면서 다른 것을 사모할 여유가 없는 것이다.

지금 이술은 일찍이 문과 장원으로 발탁되어 조정에 우뚝하게 서서 금문金門을 거쳐 옥당玉堂(홍문관)에 오르고 미원薇垣(사간원)·백부栢府(사헌부)는 모두 이력이 있지만 마음에 두지 않은 것은 그 속이 터득한 바 있어 믿었기 때문이다. 문장을 붓으로 쓰면 세상을 놀라게 하여 함께 어울린 자가 질투하지만 좋은 문文과 시가 날마다 만 쪽의 종이를 빛낸 것은 문장으로 소요 자적한 것이요, 주상의 자리를 지척에 두고 바른말로 대항하면서 모진 혹형[刀鉅鼎鑊]을 돌아보지 않은 것은 간쟁諫諍으로 소요 자적한 것이요, 한 번 지방관으로 천거되어 좌천되어 산간의 잔읍을 지키면서 추위를 막아주고 상처를 씻어주면서 백성들을 쉬게 한 것은 정치로 소요 자적한 것이다. 그렇다면 이술은 귀천과 영욕·득실·진퇴에 소요 자적하지 않은 바가 없다.

---

1 장주(莊周): 전국 시대 초나라 사람. 자는 자휴(子休). 일찍이 칠원의 관리가 되었다. 도가사상의 중심인물로 유교의 인위적인 예교를 부정하고 무위자연의 철학을 제창하였다. 『莊子』 高士傳 中.

2 대춘(大椿): 장자의 우화 속에 나오는 장수의 나무 이름. 팔천세로 봄을 하고 팔천세로 가을을 한다고 하였다. 『莊子』 逍遙遊.

3 가의(賈誼): 한나라 낙양 사람. 문재로 이름을 날려 약관의 나이에 박사가 되고 1년 만에 태중대부가 되었다. 주발(周勃)·관영(灌嬰) 등의 시기로 장사왕태부로 좌천되었다가 양왕태부로 복귀하였으나 불우한 신세를 울분으로 지내다가 죽었다. 『史記』 八十四.

때문에 이 건물이 이루어지자 나는 듯한 모양과 환하게 아름다운 모습을 부로父老들이 모여 보고, 하늘에서 떨어졌는가 지신地神이 만들었는가 의심하면서 찬양하지 않는 사람이 없이 항상 거리에서 말하지만, 그런 것으로 이름을 짓지 않았다. 무성한 숲과 푸른 언덕이 삼면으로 둘러 있어 마치 승진承塵⁴·부의負扆⁵와 같고, 아침 안개와 저녁 노을이 걷히고 생겨 만 번이나 변하고, 봄에 피는 꽃과 가을의 단풍잎이 사랑스럽지 않은 것이 없지만, 그런 것으로 이름을 짓지 않았다. 남쪽으로 큰 바다에 임함에 파도가 하늘을 잇고, 오산鼇山이 출몰하며 신기루蜃氣樓가 생기고 없어지는 것이 요의 아래에서 생기는 듯하고, 바람 속의 돛대와 물 위에 배가 있으며 모래톱의 새들이 모두 신발 옆에 오고 가니, 지난번에 매를 치고 문서를 다스리던 관아의 뜰이 지금은 등왕각滕王閣⁷·악양루岳陽樓⁸의 경관과 더불어 우열이 비교되어도, 그런 것으로 이름을 붙이지 않았다. 오직 거닐며 만족해하는 뜻으로 총괄하여 이름을 붙이니, 아! 이술은 소요에 대하여 그 즐거움을 온전히 하였다고 말할 만하며 외물을 사모함이 없다고 말할 만하다.

---

4 승진(承塵): 먼지를 막기 위하여 치는 막.『禮記』檀弓 上. "君於士有賜帟 (注)帟, 幕之小者, 可以承塵".

5 부의(負扆): 제왕의 병풍.『淮南子』氾論訓. "負扆而朝諸侯".

6 오산(鼇山): 옛 사람들은 섬을 자라가 등에 업고 떠 있는 것으로 생각하였다. 여기서는 작은 섬. 또는 작은 섬의 산을 가리킨 말이다. 鼇丘. 王勃〈拜南郊頌序〉. "負鼇丘而峻壁".

7 등왕각(滕王閣): 강서성 남창에 있는 누각 이름. 당 고조의 아들 이원영(李元嬰)이 홍주자사로 있을 때 지었다. 왕발의〈등왕각서〉와 한유의〈중수등왕각기〉가 있어 유명하다. 王勃〈滕王閣〉.

8 악양루(岳陽樓): 호남성 악양시 서문의 성루. 범중엄의〈악양루기〉가 있어 유명하다.

바야흐로 이 누각에서 소요하며 부유$_{蜉蝣}$처럼 구하는 바를 알지 못하고 미치광이처럼 좋아하면서 떠날 줄을 알지 못하여 득실을 같이 보고 화복을 잊으면서 천지의 사이에 다시 무슨 즐거움이 이것을 대신하는지 알지 못하니 이술은 소요에 대하여 다 터득하였다고 말할 만하다. 뒤에 이술을 이어 이 고을의 수령이 된 자는 반드시 소민$_{小民}$을 다스리기를 이술처럼 하고 문장을 좋아하기를 이술처럼 하여 한 점의 티나 오물이 없는 연후에 이 누각에 올라 이 경관을 완상하고 이 마음을 이해하여 천년 백년 끼쳐준 기쁨과 감상을 잇게 될 것이다. 그렇지 않고 오만하게 오뚝 앉아 잔치나 일삼아 좌우에 도서$_{圖書}$가 있는 장소로 하여금 기녀를 모아 두고 가무를 즐기는 장소로 하여 세민$_{細民}$에게 좋은 정사를 베풀지 않아 이 누각을 지나는 백성된 자로 하여금 이술이 지은 누각을 보고 이술의 덕을 생각하면서 양공$_{羊公}$의 타루비$_{墮淚碑}$⁹와 같이 한다면 이는 또한 이 누각을 더럽히는 것이 아니겠는가?

---

9 양공(羊公)의 타루비(墮淚碑): 양공은 진(晉)나라의 양호(羊祜). 자는 숙자(叔子). 도독형주제군사로 있을 때 선정을 베풀어 양양의 백성들이 사당을 세우고 비를 세우니 사람들이 보고 눈물을 흘리지 않는 사람이 없었다고 한다. 『晉書』三十四.

※

坡平 尹君而述, 出宰花山之明年, 結構于衙軒之南, 命之曰: '逍遙閣', 而以書求記於余. 而述, 以妙年才子, 其文章, 直與楊·王·盧·駱, 軒輊上下而斯閣之作, 又有上樑之文, 使人讀之, 飄飄有神仙之氣, 莫不抗其思於埃壒之外, 則夫豈借余以爲記者哉? 而必欲求余文者, 豈非以余彷徉世外, 有得於逍遙之樂而能相發揮之也. 夫內有所得, 則外無所慕, 外無所慕, 則樂有所全. 惟樂有所全然後, 能放意而自適, 逍遙者, 自適之謂也. 昔者莊周, 能逍遙矣, 大鵬喻其大, 斥鷃喻其小, 夭若朝菌而壽若大春, 皆自得於天, 自適於小大壽夭之域者也. 堯·舜·禹·湯之於天下, 孔·孟·程·朱之於道學, 屈·賈之於忠憤, 韓·柳之於文章, 皆自適其適而無暇乎外慕者也. 今而述, 早擢魁科, 屹于朝端, 歷金門上玉堂, 薇垣柏府皆所踐履而不以爲意者, 由其中有所得以恃之也. 落筆驚世, 同進者忌而佳篇麗什, 日揮萬紙者, 以文章逍遙也, 咫尺軒墀, 抗言直辭而刀鋸鼎鑊, 有所不顧者, 以諫諍逍遙也, 一麾江海, 斥守巖邑而煦寒濯痩, 俾民寧息者, 以政治逍遙也. 然則而述之於貴賤·榮辱·得失·進退, 無所適而不逍遙也. 故其成斯閣也, 彙飛之狀輪奐之美, 父老聚觀, 疑天墜地設, 莫不贊嘆, 長言于康衢而不以爲之名. 蒼顔翠壁, 三面環擁, 有若承塵負扆, 朝霞夕霧, 卷舒萬變, 春花秋葉, 無不可愛而不以爲之名. 南臨大海, 濤波接天, 鰲山出沒, 蜃樓明滅, 如在於衽席之下, 風帆浪舶, 渚禽沙鳥, 皆出于履舃之側, 向之鞭扑簿牒之庭, 今與滕王·岳陽之觀, 較其優劣而不以爲之名. 惟以徘徊自得之意, 摠而名之, 噫! 而述之於逍遙, 可謂全其樂矣, 可謂無慕於外矣. 方其逍遙於是閣也, 蜉蝣而不知所求, 猖狂而不知所往, 齊得喪忘禍福, 而不知天壤之間復有何樂, 可以代此, 則而述之於逍遙可謂盡之矣. 後之繼而述爲斯邑者, 必牧小民如而述, 好文辭如而述, 無一點塵埃查滓, 如而述然後, 可以登此閣玩此景, 以會此心, 以續此千百載遺歡墜賞. 不然而傲然兀然, 宴樂是事, 使圖書左右之所, 爲貯妓女藏歌舞之地, 而無政於細民, 使民之過此閣者, 覽而述之作, 思而述之德, 有若羊公墮淚之碑, 則不亦污此閣者乎?

수은睡隱 태초太初 강항姜沆의 제문
祭睡隱姜太初沆[1]文

만력萬曆 무오년(1618) 가을과 겨울이 바뀔 때 영외嶺外의 귀양객 벗 임회林檜는 사문 강태초姜太初의 상고喪故를 길에서 듣고 믿으면서도 의심하여 생각하기를, 태초가 천지의 정화와 영걸의 기운을 부여받아 이 세상에 태어났으니 하늘이 반드시 하려는 바 있어 태어나게 한 것이요, 아무런 한 바도 없이 죽는다는 것은 하늘의 뜻이 아닌 것 같았다. 때문에 끝내 태초가 죽었다고 여기지 않았다. 이 해 12월

---

1 강항(姜沆 1567~1618): 조선 중기의 문신. 본관은 진주. 자는 태초(太初), 호는 수은(睡隱)·사숙재(私淑齋). 영광 출신. 좌찬성 희맹(希孟)의 5대손으로, 아버지는 극검(克儉)이고, 성혼(成渾)의 문인이다. 1597년 정유재란이 일어나자 분호조참판 이광정(李光庭)의 종사관으로 군량미 수송의 임무를 맡았다. 아군의 전세가 불리해져 남원이 함락당하자 고향으로 내려와 순찰사 종사관 김상준(金尙寯)과 함께 격문을 돌려 의병 수백 인을 모았으나 영광이 함락되자 가족들을 거느리고 해로로 탈출하려다 포로가 되어 일본으로 압송, 오쓰성(大津城)에 유폐되었다. 이곳에서 출석사(出石寺)의 중 요시히도(好仁)와 친교를 맺고 그로부터 일본의 역사·지리·관제 등을 알아내어 『적중견문록賊中見聞錄』에 수록, 본국으로 보내기도 하였다. 1598년 오사카(大阪)를 거쳐 교토(京都)의 후시미성(伏見城)으로 이송되었다. 이곳에서 후지와라(藤原醒窩)·아카마쓰(赤松廣通) 등과 교유하며 그들에게 학문적 영향을 주었다. 1600년에 포로생활에서 풀려나 가족들과 함께 귀국하였다. 1602년 대구교수(大丘敎授)에 임명되었으나 스스로 죄인이라 하여 곧 사직하였으며, 1608년 순천교수(順天敎授)에 임명되었으나 역시 부임하지 않고 향리에서 독서와 후학 양성에만 전념, 윤순거(尹舜擧) 등 많은 제자를 배출하였다. 저서로『看羊錄』·『수은집』등이 있다.

에 고향에서 편지가 있어 알려옴에 태초의 죽음을 믿었다. 이는 천지의 정화와 영걸의 기운이 말려 돌아간 것이니 하늘이 세상에 뜻을 둔다는 것도 끝내 믿기 어려운 것이었다. 드디어 울면서 통곡하고 이에 제문을 지어 써서 기미년 초3일에 고향에 사는 종손 윤綸에게 보내서 닭과 솜에 적신 변변치 못한 술²과 제물로 나의 죽은 친구 태초의 영연에 올리고 이르기를,

　아! 선을 좋아하고 악을 싫어하는 것은 사람마다 같은데 선을 좋아하고 악을 싫어하는 자도 있고 악을 좋아하고 선을 싫어하는 자도 있는 것은 사람의 성품이 다른 것이요 사람의 본성이 다른 것은 아닙니다. 이권과 황금이 밖에서 유혹하고 탐욕이 마음속에서 솟아오르는데 정직하고 순수한 마음으로 자립하는 사람과 어리석게 탐하고 음험하여 방종하게 사는 사람은 그 좋아함이 같지 않기 때문에 취사가 또한 다른 것입니다. 천하에 선한 자는 적고 악한 자는 많기 때문에 정직하고 순수한 자는 사람들에게 싫어하는 바가 되고 어리석게 탐하고 음험한 사람은 사람들에게 좋아한 바가 되게 마련입니다. 남에게 싫어하는 바가 되면 모함하고 물리치고 억제하여 자취를 용납하지 못하게 되고 탐하고 음험한 사람을 좋아하게 되면 그를 권장하고 꾸며 주고 떨치게 하여 세상의 길에 끌어 나오게 합니다. 고급 수레와 화려한 일산日傘이 빛나 사람들의 눈을 현혹시키는 것은 마을이나

---

2 솜에 묻힌 술: 옛날에 멀리 있는 사람에게 치제(致祭)를 하려면 술을 가지고 가기가 어려워 솜에 술을 적셔 가지고 가 그것을 짜서 잔에 붓고 제를 올렸다고 한다. 따라서 조촐한 술을 이르는 말로 쓰였다. 絮酒. 楊炯〈爲薛令祭劉少監文〉, "陳絮酒兮涕沾襟".

이웃에서 흠모하고 길 가는 사람도 영광으로 여기며 그와 접하여 왕래하는 자는 그런 유의 사람끼리 모였기 때문이니 아! 선한 사람이 세상에 사는 것은 또한 어려운 일입니다.

지난 병술(1586)·정해(1587)년 사이에 호남의 선비들이 일시에 많이 모여 온 나라의 영걸이 모이는 곳이 되었습니다. 이 때 태초는 약관의 나이로 널리 보고 박식하므로 학문과 문장이 탁월하여 우리들의 무리에서 뛰어나 으뜸[牛耳]³이 되었습니다. 세상의 화가 자꾸만 생김에 선비의 무리들은 별처럼 흩어지고 태초의 집도 혹독한 화망에 걸리자 태초의 효제의 행실이 이로 인하여 더욱 빛나게 되었습니다. 어느덧 수십 년간에 나는 서해에 표류하면서 고향에 돌아갈 뜻이 없게 되고 태초도 온 집안이 포로가 되어 일본에서 포로생활[牧羝]⁴을 하게 되니 대체로 그 충의와 절의는 오랑캐[黑齒]⁵들도 감복하고 중화 사람들도 탄식을 하였는데 절의를 훼손하지 않고 돌아옴에 미쳐 힘을 내어 그를 배척한 자는 누구이며 공교한 말로 헐뜯는 자는 누구입니까.

아! 태초가 세상에 태어남은 처음에는 우연한 일이 아니므로 문장은 당대에 으뜸이어서 장차 왕의 문사를 지을 만하였고, 재주는 범인

---

3 으뜸[牛耳]: 우이는 어느 분야에서 우두머리가 되는 사람을 이르는 말. 고대에 제후들이 맹약할 때 소의 귀를 잘라 피를 내어 담은 쟁반을 맹약을 주관하는 사람이 잡고 제후들에게 맛보게 하여 맹약을 지킬 것을 다짐한 데서 온 말이다.『周禮』夏官 戎右.

4 포로생활[牧羝]: 목저는 숫양을 친다는 말. 한나라 때 소무(蘇武)가 흉노에 사신으로 갔다가 억류되어 북쪽 지방으로 옮겨져 숫양을 치게 한 데서 온 말이다.『漢書』蘇武傳.

5 오랑캐[黑齒]: 흑치는 오랑캐를 이르는 말. 그들이 이를 검게 한다고 하여 이른 말로 여기서는 일본을 이른 말이다 .『新唐書』南蠻傳 下.

을 뛰어넘어 세상의 사업을 주간할 만하였고, 효제는 옛날의 법도에서 나와 장차 못된 사람을 감화시킬 만하였지만, 문장은 다만 한 집안에 쓰이는 말만 되고 재주도 세상에 조금도 베풀어지지 못하여 그의 덕에 감화되어 선량하게 된 자도 몇 사람 없었습니다. 수명은 겨우 50세에 그치고 벼슬은 낭관郎官(육조의 정좌랑)에 그치니 하늘이 이 사람을 낸 것이 무슨 뜻이며 이 사람을 궁하게 한 것은 무슨 뜻이며 이 사람을 오래 살지 못하게 함이 무슨 뜻입니까? 하늘이 이 사람에게 무심한 것이 아니라 이 세상에 대하여 무심한 것입니다.

아! 내가 귀양살이 한 이래로 태초가 한 번 편지를 보내왔는데 몸소 어머니의 상사를 당하여 여러 아우들과 시묘살이를 한다고 알렸으되 나는 편지로 조문도 하지 못한 지가 어느덧 몇 해가 되었습니다. 진실로 태초가 이렇게 빨리 혼탁한 세상을 버릴 줄은 알지 못했습니다. 평생의 지기를 영원히 못 만나게 되었으니 천고의 문장을 누구와 함께 논할까. 태초는 아우가 있어 그 문장을 이을 것이요 아들이 있어 그의 선善을 이을 것이니 그 나머지는 여유 있게 눈을 감으리라. 그를 배척하고 헐뜯어 시종 그를 궁하게 만든 사람은 지하에서 한 번 웃으면 족할 것입니다.

나는 백발의 친구로 하늘가에서 편지로 제문을 쓰니 옛날의 산천은 멀리 막히고 지금은 구천에서 어떻게 알겠습니까. 돌아보건대 그대의 평생의 마음을 항상 비추어 의심이 없었으니 그 정성은 통할 것입니다. 그대의 정한 영혼이 여기에 있을 것을 생각하고 천리 밖에서 닭과 술을 부쳐 나의 슬픈 마음을 서술하니 다만 죽는 일이 선후가 있을 뿐이요 끝내 지하에서 만날 기회가 있을 것입니다. 아! 슬프도다.

萬曆戊午秋冬之交, 嶺外遷客友人某, 聞斯文姜太初之喪於道路,將信而疑, 以爲太初稟天地精英之氣, 其生於此世, 天必有所爲而生, 無所爲而死, 似非天之意. 故終不以太初爲死. 逮是年十二月,有鄕書來報, 則太初之死信矣. 天地精英之氣, 卷而歸矣, 天之有意於世, 卒難恃矣. 遂哭而慟之, 乃書而爲文, 以己未七月初三日, 致之于鄕居從孫崙, 以雞絮薄具, 俾奠于吾亡友太初之靈曰, 嗚呼, 好惡者, 人之所必同也, 而有好善而惡惡者, 好惡而惡善者, 則人之性異也, 非人之本性有異也. 利祿鑠其外, 而貪慾煎其內也, 正直醇粹之自立, 貪愚險狠之縱恣, 其所好不同, 故取舍亦異. 天下善者少而惡者多, 故正直醇粹者則爲人所惡, 而貪愚險狠者, 乃爲人所好. 惡之也則排陷擯抑而使不得容迹, 好之也則獎飾振拂而引之於世道. 朱輪華蓋, 光彩眩人, 閭里慕之, 道路榮之, 接跡而旁午者, 以類聚焉, 嗚呼, 善人之生世, 其亦厄矣. 往在丙戌·丁亥之間, 湖南士類, 一時盛會, 爲一國英俊之域. 於是太初以弱冠之年, 汎觀博識, 種學績文, 矯矯牛耳於吾儕矣. 及其世網橫加, 輩流星散, 太初之家, 亦罹酷禍, 而太初孝悌之行, 因之益著矣. 忽忽數十年間, 吾流漂西海, 無意還鄕, 而太初亦渾舍被掠, 牧羝日本, 蓋其忠義之節, 爲黑齒所服, 華人所嘆, 而及其全節而歸, 出力而排之者誰歟, 巧舌而毀之者誰歟? 嗚呼, 太初之生世, 初不偶然, 文章冠當代, 若將以賁飾王猷矣, 才局脫凡流, 若將以幹裁世務矣, 孝悌出古道, 若將以感化惡人矣, 而文只爲一家之言, 才不得少施於世, 薰其德而善良者, 亦無幾人. 壽止於五十, 官止於郎僚, 則天之生此人何意, 窮此人何意, 不令壽此人亦何意. 非天之無意於此人, 乃無意於此世也. 嗚呼, 自吾竄謫以來, 太初盖一致書以報, 而身丁內艱, 諸季同廬, 吾未有以書弔, 而居然數載矣. 誠不意太初亟厭世之涵濁也. 百年知己, 永相違矣, 千古文章, 孰與論矣. 太初有弟以續其文, 有子以繼其善, 則自餘悠悠, 可暝目矣. 排之毀之, 終始窮之者, 可一笑於地下足矣. 惟白髮之故人, 望天涯而織辭, 昔山川而猶阻, 今九泉而何知. 顧平生之心肝, 常洞照而無疑, 庶厥誠之可徹. 想精靈之在茲, 寓鷄絮於千里, 聊以舒夫余悲, 但先後於大歸, 終會合之有期. 嗚呼, 哀哉!

처사 김대성金大成 묘갈명
處士金公大成墓碣銘

    공의 휘는 모某요 자는 모니, 세계가 신라 왕자 흥광興光에서 나오니 그는 서인이 되어 광주에서 살았다. 각간角干 식軾을 낳고 식이 길吉을 낳으니 고려의 개국을 도와 그 공으로 삼중대광이라는 직함을 상으로 받았다. 다시 좌복야 순順을 거쳐 문정공 책策에 이르러 천장天場의 과거시험에 발탁되어 장원을 하여 영광이 한 때에 빛났다. 아들 평장사 정준貞俊에게 전하고 손자 문하시랑 문안공 양감良鑑에 이르러 희녕熙寧 연간에 송나라에 사신으로 가서 소동파와 시로 주고 답한 일이 있어 이름이 중국에까지 알려졌다. 평장사 충정공 의광義光과 중랑장 광세光世와 금오위대장군 경량鏡良과 도원수 문숙공 주정周鼎과 심深·승사承嗣·정精·종연宗衍·백균伯鈞을 거치면서 모두 활을 잘 쏘는 일로 알려졌다.

    아들 진進에 이르러 다시 나주의 남쪽으로 옮기고 그의 아들 충손衷孫은 사간원 사간 숭조崇祖를 낳으니 문학으로 세상에 이름이 나니 공의 증조가 된다. 또 진원의 건동으로 옮겨 산수가 좋은 시골로 갔다. 할아버지의 휘는 기익紀益이니 선조의 업적을 잘 계승하여 벼슬이 홍문관 전한에 이르고 아버지의 휘는 경우景愚니 예빈시 주부 임언국任彦國의 따님을 취하여 공을 낳았다.

    공은 명가의 자손으로 과업에 종사하지 않고 비록 무예가 있었으나 또한 겸양하여 스스로 나타내지 않고 집에 거하면서 날마다 효제의 일에 힘썼다. 어버이를 섬길 때에 맛있는 음식을 준비하여 올리는 데 힘을 다하고 부부간에는 공경으로 대하고 동기간에는 화목하여 사랑하고 흠복하였다. 아버지의 상사에는 삼 년 동안 피나는 눈물을 흘리고 일찍이 이를 남에게 보이지 않았으며, 삼 년 복을 마치고도 고기를 먹지 않은 것이 일 년이었다. 어머니를 받들되 더욱 정성과 공경으로 하여 정유년 왜란에 적을 피하여 관동으로 들어가는데 작은 가마로 어머니를 모시면서 스스로 직접 지기도 하고 밤에는 곁을 떠나지 않았다. 다니면서 먹을 것을 빌어 봉양하되 반드시 맛있는 음식을 올리고 자신의 노고는 알지 못하니 당시의 나이가 60세였음에 보는 자들이 탄복하였다. 어머니의 상사를 당하여 슬퍼하고 아파하기를 지극히 하여 상복이 몸에 있는 나이라고 하여 정情과 예禮를 감하거나 참작하지 않았으니 그의 효성은 천성적으로 타고났다.

　집안의 재산을 나누는 일에도 아우에게 말하기를 "나는 자식이 없으니 모든 노비와 자산은 네가 취해야 한다." 하고 모두 미루어 주었다. 사람들과 더불어 말할 때 명백하면서도 입에서 나오지 못하는 것같이 하고 앉고 서는 일에도 반드시 겸손하게 하였다. 비록 악인을 대하더라도 접하기는 반드시 성실하게 하고 몸가짐이 검소하여 남는 것을 취하여 궁한 친족을 도와주고 또 이웃에까지 미쳤으니 그의 덕은 가히 기록할 만 하였다. 지방 사람들이 그를 공경하여 연명하여 관에 고하여 정려를 얻어 후인들에게 보이려고 하였는데 관아에 일이 많아 미처 하지 못하게 되었다. 아! 공의 덕은 마땅히 보답을 받음이 많아야 하는데 궁한 시골에 처하여 영광스럽게 해주지 못하고 또 몸을 잇는 자손이 계속 현달하여 공이 평생 행한 일을 현양할 사람이 없었으니 하늘의 도가 멀리 있다고 말할 수 있다.

공은 자식이 없어 아우의 차자 우잉友仍으로 후사를 삼으니 학문도 있고 문장을 잘하여 세상에서 칭찬을 받았다. 나의 종매의 딸을 취하여 혼인을 하니 이는 금호 선생의 외손이다. 아들 약간을 두고 딸 약간이 있다. 장남 여옥汝鈺은 나이 13세에 능히 글을 짓고 또 조부의 업을 잘 이었다. 우잉은 나와 친하게 지냈는데 삼년상을 마치고 울면서 나에게 고하기를 "나의 아버님이 세상에 알릴 만한 일이 있는데 지금 인멸되어 돌아가셨으니 그대는 묘갈명을 지어 주시오."라고 하였다. 나는 일찍이 얼굴을 뵌 적이 있어 가르침을 받은 적이 있고 또 이 사람의 청을 중하게 여겨 사양하지 못하고 명문을 지었다. 명에 이르기를,

天不與德	하늘이 덕 있는 사람을 내지 않음이
人之所憂	사람들이 걱정하는 바요
天亦患之	하늘이 걱정하는 바는
人不自修	사람이 스스로 덕을 닦지 않음일세.
旣與旣修	하늘이 주고 사람이 잘 닦으면
而不相孚	서로 믿어지지 않을까.
天歟人歟	아! 하늘이여 사람들이여
繫誰之責	누구의 책임인가.
有實不華	쌓은 실적이 있어도 빛내지 않고
有積不發	쌓음이 있어도 드러내지 않았으니
好惡異心	선을 좋아하고 악을 미워하는 마음이 다르기 때문이니
孰榮孰厄	누가 영광스럽고 누가 나쁜 일인가.
納銘于幽	명문을 묘 앞에 세워

以慰餘魄　혼백을 위로하도다.
其尙無恨　이렇게 하면 한이 없을까
有後宜續　후손들은 마땅히 이을지어다.

❋

公諱某, 字某, 系出新羅王子興光, 爲庶居光州. 生角干軾, 軾生吉, 佐高麗開國, 賞功以三重大匡. 歷佐僕射順, 至文貞公策, 擢天塲, 獨步榜頭, 榮耀一時. 傳子平章事貞俊, 至孫門下侍郎文安公良鑑, 熙寧中使大宋, 蘇東坡有詩相贈答, 名顯中朝. 歷平章事忠貞公義光, 中郞將光世, 金吾衛大將軍鏡良, 都元帥文肅公周鼎, 曰深曰承嗣曰精曰宗衍曰伯鈞, 皆以射顯. 至子進, 復移居于羅州之南, 其子夷孫寔生司諫院司諫崇祖, 以文名于世, 公之曾大父也. 又移于珍原建洞, 以就山水鄕. 祖諱紀益, 懋先業官至弘文典翰, 考諱景愚, 娶禮賓主簿任彦國女生公. 公以名家之子孫, 不事科業, 雖有武藝, 亦謙謙自晦, 居家日務爲孝弟事. 事親盡飮食瀞灑之奉加之, 敬待, 同氣和而愛服. 父喪泣血三年, 未嘗見齒及閾, 又不食肉者一年. 奉慈母尤誠謹, 丁酉之亂, 避賊入關東, 以小轎承母, 親自擔荷, 夜亦不離側. 行乞奉養, 必進佳味, 不知身勞苦, 時年六十, 觀者嘆服. 及丁內艱, 哀摧益至, 不以衰麻在身之年, 減酌情禮, 其於孝盖天性然也. 其分家財, 謂弟曰: "我無子, 凡奴婢資産, 惟汝所取", 盡推與之. 與人語言, 便便若不出口, 坐立必遜. 雖値惡人, 接之必以誠, 持身克儉, 以取贏餘, 以濟窮族, 且及隣人, 其爲德皆可錄也. 鄕人莫不加敬, 聯名告于官, 欲以旌示後人, 而官多事, 皆未及也. 嗚呼, 若公之德, 宜受報極多, 而處窮巷, 無所榮潤, 又無繼體者, 繩繩顯達以揚公平生, 天之道, 可謂遠矣. 公無子, 以弟之次子友伋爲後, 有學而文, 以稱其世. 娶從妹之女, 寔錦湖先生林公之外孫. 有子男若干女若干. 男長曰汝鈺, 年十三能屬文, 亦能繼祖父業者. 友伋與某遊, 旣服喪, 泣而語曰: "吾先人, 宜有聞者, 今沈沒以死, 子其銘之". 某旣嘗承顔以奉餘敎, 又重斯人之請, 不敢辭, 乃爲銘. 銘曰, 天不與德, 人之所憂, 天亦患之, 人不自修. 旣與旣修, 而不相孚. 天欤人乎! 繄誰之責. 有實不華, 有積不發, 好惡異心, 孰榮孰戹. 納銘于幽, 以慰餘魄. 其尙無恨. 有後宜續.

처사 송제민宋齊民 묘지
處士宋公齊民[1]墓誌

만력 임인년(1602) 2월 27일에 호남의 처사 송공 제민宋齊民이 죽으니 부인 김씨가 약한 자식들을 거느리고 예로 장례를 치르고 오직 지석誌石을 미처 하지 못하였다. 그해 10월에 공의 사위요 나의 친구인 권필權韠[2]이 서울로부터 와서 곡을 하고 탄식하며 말하기를 "우리 장인의 언행이 비록 호남 선비들의 이목에 높이 알려졌지만 그러나 행실이 고상하여 반드시 문자다운 말로 지문을 짓기를 기다리니 지문다운 글이 아니면 불가하다." 하고 편지를 나에게 보내어 이르기를 "그대가 전에 호남에 살면서 나의 장인과 더불어 논 지 한두 달이 아니었으니 그의 기상과 언론 이력의 사실을 다 자세히 기록해 주시오. 세계와 만년에 기록한 구언求言에 응한 〈만언소萬言疏〉는 간신들의 저지한 바

---

1 송제민(宋齊民 1549~1601): 조선 중기의 학자·의병장. 본관은 신평(新平). 초명은 제민(濟民). 자는 사역(士役) 또는 이인(以仁), 호는 해광(海狂). 정자 정황(庭篁)의 아들이다. 이지함(李之菡)의 문하에서 공부하였는데 글재주가 뛰어났다. 호방한 성격에 구속을 싫어하여 벼슬을 하지 않았다. 임진왜란이 일어나자 양산룡(梁山龍) 등과 의병을 일으켜 김천일(金千鎰)의 막하에서 전라도 의병조사관으로 활약하다가 이듬해 다시 김덕령(金德齡)의 의병군에 가담하였다. 김덕령이 옥사하자 종일토록 통곡하고 『와신기사(臥薪記事)』를 저술하였다. 또 〈척왜만언소(斥倭萬言疏)〉를 올려 왜적을 물리칠 여러 방안을 피력하였으나 이것이 감사의 미움을 사게 되어 이후 무등산에 은거하면서 세상을 잊고 살았다. 1789년(정조 13)에 지평에 추증되었고, 광주의 운암사(雲巖祠)에 제향되었다. 저서로 『해광유고』가 있다.

되어 거두어주지 못한 일과 정침에서 돌아가신 일 등을 내가 갖추어 써서 그대에게 줄 것이니 다 갖추어 쓰면 우리 장인이 지하에서 눈을 감을 것이요 이름이 후세에 없어지지 않을 것입니다." 하였다. 또 말하기를 "그대와 나는 함께 세상에서 문장을 잘한다고 칭찬하는데 나는 장인과 사위의 사이입니다. 말을 공정하게 하지 않으면 그대에게 추궁할 것이니 이것이 세인의 현혹을 깨는 길입니다. 그대는 삼가 지문을 써 주시오."라고 하였다. 나는 사양하지 못하고 울면서 썼다.

공의 처음 이름은 제민濟民이요 자는 이인以仁이니 세상에 뜻을 두었는데 만년까지 세상에서 성공하지 못하여 '제濟' 자를 '제齊'자로 바꾸고 자는 사역士役이라고 하였다. 공은 젊어서부터 호방하고 탁이하여 작은 일에 구애되지 않았다. 약관에 이르러 성현의 책을 몇 번 두루 읽고 선생과 어른을 따라 놀면서 학문에 마음을 잠기고 더욱 역학易學

---

2 권필(權韠 1569~1612): 조선 중기의 문인. 본관은 안동(安東). 자는 여장(汝章), 호는 석주(石洲). 벽(擘)의 다섯째 아들이다. 정철(鄭澈)의 문인으로, 성격이 자유분방하고 구속받기 싫어하여 벼슬하지 않은 채 야인으로 일생을 마쳤다. 젊었을 때에 강계에서 귀양살이하던 정철을 이안눌(李安訥)과 함께 찾아가기도 했다. 동료 문인들의 추천으로 제술관(製述官)이 되고, 또 동몽교관(童蒙教官)에 임명되었으나 끝내 나아가지 않았으며, 강화에서 많은 유생을 가르쳤다. 임진왜란 때에는 구용(具容)과 함께 강경한 주전론을 주장했다. 광해군 초에 권신 이이첨(李爾瞻)이 교제를 청했으나 거절했다. 유숙분(柳希奮) 등의 방종을 임숙영(任叔英)이 〈策文〉에서 공격하다가 광해군의 뜻에 거슬려 삭과(削科)된 사실을 듣고 분함을 참지 못하여 〈宮柳詩〉를 지어서 풍자, 비방하였다. 이에 광해군이 대로하여 시의 출처를 찾던 중, 1612년 김직재(金直哉)의 무옥(誣獄)에 연루된 조수륜(趙守倫)의 집을 수색하다가 연좌되어 해남으로 귀양가다가 동대문 밖에서 행인들이 동정으로 주는 술을 폭음하고는 이튿날 44세로 죽었다. 시재가 뛰어나 자기성찰을 통한 울분과 갈등을 토로하고, 잘못된 사회상을 비판 풍자하는 데 주목할 만한 성과를 거두었다. 인조반정 이후 사헌부지평에 추증되었고, 광주(光州) 운암사(雲巖祠)에 배향되었다.

에 깊었으며 또 토정 이 선생에게 배우고 시골에 숨어 살면서 과거 공부를 달게 여기지 않았다. 한편 유달리 표가 나는 특이한 행동은 하지 않았지만 사람들이 그를 따르지 못하였다. 또 여유 있는 언론과 왕복 출입의 무궁함과 사물을 끌어 비유하여 지극한 이치를 분석하는 일은 듣기에 처음에는 거리가 먼 듯하지만 잘 살펴 생각하면 쾌하고 마땅하지 않음이 없었다. 그 요점은 왕도王道로 마음을 하고 생민을 염두에 두어 끝내 세상에 아부하고 정도에 벗어나는 학문을 하는 자와는 비교가 되지 않았다.

공이 행하는 일은 작은 일에 구애하지 않고 흥이 나면 집을 나가 문득 배를 타고 바다에 떠서 여러 섬을 두루 구경하고 혹 풍랑을 만나 갑자기 배가 기울면 비록 익숙한 사공이라도 모두 어쩔 줄 모르고 하늘에 살려달라고 빌지만 공은 배의 끝에 앉아 편안한 얼굴로 변하지 않고 온갖 신령이 괴상한 요술로 황홀한 경지를 만들어 내어도 평상시나 다름없이 보았다. 일찍 어느 때인가 배가 전복되었는데 가까스로 섬에 내려 7일 동안이나 먹지 못하고 창출(약초)을 캐어 창자를 채우고 배고픈 줄을 몰랐다. 이때 섬 속의 경관과 위아래 산기슭을 두루 구경하기를 마지않았다. 사람들이 배를 가지고 구하러 갔는데 여유 있게 나오면서 기뻐하는 빛도 없었다.

항상 말하기를 "나의 뜻이 옛 사람처럼 하려고 하지 않는 것은 아니지만 세상과 뜻이 맞지 않으니 나는 여기에서 그친다. 세상에 살아 있는 모든 물건은 목숨을 가지고 있는데 하물며 사람이야 말할 수 있을까? 나는 모든 물건을 사랑하는 데 마음을 두어 마땅히 한 푼의 은혜라도 있어야 한다." 하고 여러 벗들과 함께 산천이 좋은 마을에 의국醫局을 설치하고 갖출 대로 약을 갖추었다. 또 바다에 출입하면서 소금과 막걸리를 준비하여 장사도 하면서 끝내 가사를 돌보지 않더니 일이 모두 성공이 되지 못하고 세상은 난리 속에 들어갔다. 임진왜란 이후로 조정은 더욱 뒤틀려 국론이 정해지지 않고 화의和議 [몇 자 누락됨]

공이 『와신기사臥薪記事』라는 책을 지으니 수천만 자의 말이었다. 시인施仁·보민保民·치병治兵·정려整旅로부터 병가에서 간첩을 이용하는 일과 적의 사정을 헤아리는 일에 이르기까지 갖추지 않은 것이 없어 그 말이 지루하여 수습하기가 어려웠다. 이리하여 주상의 구언求言[3]으로 인하여 득과 실을 모두 들어 올렸는데 주상의 뜻을 거스르는 말이 많았고 지방의 수령들은 꺼려하여 받아들여지지 않았다. 공은 바다의 산속으로 들어가 나오지 않고 밭 갈고 우물을 파서 마시는 일을 자제들에게 가르치는 것으로 일을 삼다가 만 2년이 되어 병이 생겨 일어나지 못하였다. 병이 생기자 최교리 상중崔尙重에게 편지를 주어 후사를 부탁하고 좌우의 시중드는 사람에게 명하여 부축하여 일어나 의관을 정제하고 북쪽을 향하여 오래도록 무릎을 꿇고 앉았다가 죽으니 나이가 54세였다. 4월 17일에 담양 대곡大谷 부친의 묘 아래 장례를 치렀다.

증조의 휘는 인손璘孫이니 통훈대부 남평현감을 지냈고, 할아버지의 휘는 구駒니 통훈대부 사헌부 감찰이고, 아버지의 휘는 정황庭篁이니 교서관 정자이다. 어머니는 광주김씨니 윤경의 따님이다. 공은 먼저

---

3 구언(求言): 임금이 신하들에게 바른말을 요구하는 일.

감역 박민고朴敏古의 따님을 취하여 1남 2녀를 나으니 아들의 이름은 타柁인데 정유의 난리에 죽고, 딸은 선비 양원용梁愿容에게 출가하고 차녀는 김극순金克純에게 출가하였는데 모두 일찍 죽었다. 후취는 울산김씨니 무공랑 대형大亨의 따님이요 광주목사 응두應斗의 손녀이다. 2남 2녀를 낳았는데 장남 장樟은 정유년 난리에 포로가 되어 일본으로 가고 차남은 집檝이니 어리다. 장녀는 곧 권필의 처니 권필의 시문은 한 세상에서 높이는 바 되고 또 세상에 우뚝한 이름이 있어 기개가 서로 합하여 스스로 구하여 사위가 되었다. 차녀는 어리다. 타柁는 두 아들이 있으니 수燧와 형烱인데 모두 어리다.

공은 일찍이 나와 나이를 따지지 않고 나를 지기知己라고 말하였고 또 권필의 청함이 이와 같이 간절하니 그렇다면 내가 아니고 누가 명문을 짓는데 마땅할까. 명하여 이르기를,

    生之屈   살아서는 궁하게 살았으되
    死而伸   죽어서는 뜻을 폈으니
    吾其銘   나는 그의 명문을 짓노라.

萬曆壬寅二月二十七日, 湖南處士, 宋公齊民卒, 妻金氏率弱子, 以禮葬, 惟誌石未暇. 其年之十月, 公之甥友人權韠, 自京來哭, 乃喟然曰: "吾舅之言與行, 雖卓卓在湖南士人耳目, 然行之遠, 必待言之文, 非誌不可.", 乃書送於某曰: "子向在湖南, 與吾舅游, 非日月矣, 氣像言論, 踐履事迹, 靡不畢詳. 惟世系晚年所錄書應求言萬言疏, 爲奸臣所沮, 未徹者, 及正終等事, 吾今錄與子, 其備書則吾舅之目, 可瞑於地下, 而名不沒於後世矣". 且曰: "子與吾, 俱稱文於世, 而吾舅甥也. 言之若不公, 推於子, 乃所以破世人惑. 子其愼誌之". 某不獲讓, 乃泣而書. 公初名濟民, 字以仁, 有志於世矣, 而晚而不就, 改'濟'以'齊', 字曰士役. 公少豪放, 卓詭不覊. 及弱冠, 讀聖賢書幾徧, 從先生長者游, 沈潛於學, 而尤邃於『易』, 又學於土亭 李先生, 託跡湖海, 不屑擧子業. 不有厓岸特異之行, 而人自不能及. 其言論紆餘, 往復出入無窮, 引物連類, 以析至理, 聽之初若濶遠, 審思無不愜當. 要之以王道爲心, 生民爲念, 終非阿世曲學者比. 公之行已, 不少拘碍, 寓興而往, 輒乘舟浮海, 遍觀諸島, 或遇風濤, 閃倏傾側, 雖老篙師, 皆失色乞命, 公坐船尾, 怡然顏色不變, 百靈秘怪, 怳惚迭出, 視之若常. 嘗舟敗僅下島, 七日無所食, 掘蒼朮充腸, 終不飢困. 因遍觀島中形勝上下山麓不止. 人持船以往, 悠然而出, 亦無喜色. 常曰: "吾志非不爲古人, 與世齟齬, 吾其止於此矣. 噍類亦命, 況斯民耶? 存心愛物, 當有一分之惠", 與諸友設醫局于山川間, 任其所藥之具. 出入海上, 辦鹽醯貿遷, 終不顧家事, 事皆未就而世至於亂. 壬辰以後, 朝家益翻轉, 國論未定, 和議【缺】. 公著『臥薪記事』, 累千萬言. 自施仁·保民·治兵·整旅, 以至兵家用間揣敵之說, 無所不備其言汗漫難拾. 乃因上求言, 歷擧得失, 言多觸忤, 方面者忌而黜之. 公入海山不返, 以畊田鑿井, 敎誨子弟爲事, 歲再周而公病不起矣. 疾病寄書崔校理尙重, 託以後事, 命左右扶起, 整衣冠, 北向長跪而逝, 享年五十四. 以四月十七日, 葬于潭陽大谷先人之兆. 曾祖諱猶孫, 通訓大夫行南平縣監, 祖諱駒, 通訓大夫行司憲府監察, 父諱庭篁, 校書館正字. 妣光州 金氏允敬之女. 公先娶監役朴敏古之女, 生一男二女, 男曰柁, 死於丁酉之亂, 女適士人梁愿容, 次適金克純, 皆早死. 後娶蔚山 金氏務功郞大亨之女, 光州牧使應斗之孫. 生二男二女, 曰檣丁酉被虜, 入日本, 次曰楫幼. 女長則權之內也, 權之詩文, 爲一世所宗, 且有高世之名, 以氣合自求爲甥. 次幼. 柁有二子, 曰燧曰炯, 皆幼. 公嘗忘年, 謂余知己, 而權之請, 若斯勤, 然則非余誰宜銘. 銘曰, 生之屈, 死而伸, 吾其銘.

관해유고 부록

관해임공행적
觀海林公行蹟[1]

　공의 휘는 회檜요 자는 공직公直이니 금호錦湖공의 조카이다. 금호공의 아우 길수吉秀는 예조좌랑이요 정수貞秀는 형조좌랑으로 좌승지에 증직되었다. 승지공이 전의 이씨全義李氏 현령 진남震南의 따님을 아내로 맞아 가정 임술년(1562)에 공을 낳았다. 좌랑공이 아들이 없어 취하여 아들로 삼았다.

　공은 태어나면서부터 준수하고 보통 아이들과 달라 말을 하면서부터 글자를 해득하고 6세에 처음으로 글을 배울 때 글을 읽으면 배를 읽어 총명함이 남보다 뛰어났다. 점점 자람에 문장 제술의 실력이 날로 진취되었으나 과거장에 나가서는 낙방이 되었다. 그와 어울린 이들은 한때 이름이 있는 자였지만 모두 자세를 낮추고 그와 더불어 교제하였다.

　임오년(1582)에 성균관에 들어갔고, 이듬해 계미년에 생모 이부인의 상사를 만났고 기년 상을 마치지 못하고 또 생부 승지공의 상사를 만나고, 상을 마치지 못하고 아버지 좌랑공이 세상을 버리니, 공은 7년 동안 상주의 몸으로 예를 행하기를 하루같이 하여 거의 몸을 유지하지 못할 지경이었다.

---

[1] 이 글은 문곡(文谷) 김수항(金壽恒)이 지은 것이다.

복을 마치고 송강松江 정상국鄭相國의 문에 장가드니 처음에 승지공이 송강과 더불어 혼인하기를 약속하고 지금 8년 만에 혼사를 이루니 두 집의 신의를 사람들이 모두 탄복하였다. 계사년(1593)에 양가兩家의 어머니 노부인魯夫人이 세상을 버리니 그때는 왜란을 당한 뒤라 모든 일이 어려웠지만 초상을 치르는 예를 스스로 다하여 유감이 없게 하였다. 상을 마치고 신주를 모시고 황해도로 피난을 가서 수양산 아래에 부쳐 사니, 이때는 송강공이 이미 죽고 당시의 여론이 크게 변하였다. 공은 과거 보는 일을 단념하고 시골에 살면서 시주詩酒로 자오自娛하였다.

신해년(1611)에 처음으로 문과에 올라 나이가 50세가 됨으로 인하여 예에 따라 성균관 전적이 되었다. 나주에 김우성金佑成이란 자가 있었는데 본래 공과 한마을에 살면서 서로 친하게 지내더니 뒤에 그가 못된 사람의 당에 들어가 흉한 행동을 하는 것을 보고 통렬하게 끊어 버렸다. 공이 문과에 올라 영광스럽게 집으로 돌아오는 날에 우성이 옛 친구의 의로 와서 축하하였지만 공은 한마디의 말도 건네지 않았다. 이로부터 우성이 더욱 뼈가 시리도록 유감을 품어 날로 정인홍·이이첨의 무리를 부추겨 공을 중상하는 일에 만 가지로 모략하니 공은 세상에 뜻이 없어 다시 황해도의 옛집으로 돌아가 스스로 관해觀海라 호를 하고 배회하며 세월을 보냈다.

계축년(1613)에 다시 전적에 임명되어 치제관致祭官으로 장연에 갔는데 마침 무고옥誣告獄이 크게 일어나 원서爰書 속에 임호林浩라는 이름을 가진 자가 있어 이이첨이 그 글자의 음이 관해공의 이름과 가깝다고 하여 억지로 죄안을 만들어 공의 부인과 연약한 아들 득붕得朋에

---

2 원서(爰書): 죄인의 공초(供招)를 기록한 문서.

까지 미치게 하였다. 득붕은 나이가 겨우 14세였는데도 법을 벗어나 혹독한 형을 가하여 허위의 자백을 받아내려 하였지만 득붕이 끝내 굴복하지 않자 또 함께 놀던 아이를 불러 유도하여 신문하는데 이르렀지만 그 아이도 굴복하지 않고 죽었다. 공은 장연으로부터 압송되어 와서 혹독한 고문을 받아 위태하여 거의 죽게 되었지만 애써 참아가면서 조금도 흔들리지 않고 붓을 당겨 종이에 써서 대답하기를, "임호林浩의 호浩 자는 호호기천浩浩其天이라는 '호' 자이고 임회林檜의 회檜 자는 만산송회滿山松檜라는 '회' 자입니다." 하니 적신賊臣들은 강제로 굴복시키지 못할 것을 알고 먼 변방으로 유배를 보냈다.

공은 양산梁山으로 유배를 가고 득붕은 곤양昆陽으로 유배를 가니 모두 장기瘴氣가 심하여 멀고 나쁜 땅이었다. 공과 득붕이 고생을 하면서 갈 때에 부모의 신주를 등에 업고 길을 가니 보는 자들이 눈물을 흘리지 않는 자가 없었다. 유배생활을 한 지 10년 계해년(1623)에 인조반정이 일어나 유배 간 여러 사람들을 모두 돌아오게 하여 공도 예조정랑에 제수되고 다시 군기시 첨정으로 전직되었다.

당시 조정의 여론이 남한산성을 다시 수축하여 침해를 받지 않는 장소를 만들려고 하는데 목사와 수령의 적임자를 얻기 어려웠다. 문정공 신흠申欽이 제일 먼저 공을 천거하여 광주목사로 삼으니 광주는 본래 서울에 가까운 산간 읍이요 또 성을 쌓는 일은 일이 크고 여러 가지 업무가 엉성하였지만 공은 마음을 다하여 계획을 짜고 조치하기를 법대로 하였다. 갑자년(1624) 봄에 역적 이괄이 군사를 일으켜 반란을 하니 온 나라 안이 흔들리고 백성들은 두려워하였다. 공의 진鎭 아래에는 관리하는 군사가 한 사람도 없어 맨손으로 의분에 솟구쳤지만 계책을 쓸 바가 없었다. 이리하여 부로父老들을 모아 놓고 대의로 타일러 민병民兵 수백 명을 얻었는데 적은 갑자기 서울을 침범해 왔다. 왕의 어가가 남쪽으로 피란 가니 공이 소식을 듣고 밤에 달려가 과천에서 맞으려 하였으나 어가는 이미 지나간 뒤였다.

공은 남쪽을 바라보고 통곡을 하면서 말을 달려 어가를 뒤쫓아 가다가 다시 생각하기를, '지금 한강의 얕은 여울을 방어하지 못하고 적이 강을 건너 마음대로 달리면 적의 선봉이 미치는 곳에는 차마 말할 수 없는 일이 생길 것이다' 하고 드디어 광주의 경내로 돌아와 부대를 정돈하여 한강의 얕은 여울을 차단할 계획을 하였다. 이날에 적은 안령鞍嶺(서대문 밖 질마재)에서 패하여 홀로 그의 복심 수백 명과 함께 이미 얕은 여울을 건너 남쪽으로 향하였다. 공은 외로운 군사로 갑자기 경안역慶安驛 다리 가에서 그들과 만나니 공의 군사는 하루아침에 모집한 오합지졸이었다. 제대로 싸움도 하지 못하고 무너지니 공은 적군에게 잡히고 말았다.

적은 본래 공의 기절氣節에 감복하여 감히 칼을 몸에 대지 못하였다. 적장 한명련이 이괄에게 이르기를 "만약 이 사람을 놓아주면 반드시 우리의 뒤를 쫓을 것이니 속히 없애서 후환을 끊는 것만 같지 못합니다." 하였다. 이괄은 항복한 왜인을 시켜 공을 잡아 협박하면서 항복을 하게 하니 공이 소리를 질러 욕하기를 "나라에서 너의 공훈을 기록하고 너의 벼슬을 높여주었는데 너는 왜 반란을 하는가, 왜 반란을 하는가? 너를 만 조각으로 베지 못함이 한이 된다. 어찌하여 나를 빨리 죽이지 않는가?" 하니 이괄이 크게 노하여 손으로 칼을 잡고 찌르니 공의 몸은 완전한 곳이 없었다. 그래도 오히려 입으로 욕하기를 마지않으니 이괄은 더욱 노하여 말하기를 "너는 글을 읽은 서생이니 홀로 안고경顔杲卿[3]의 죽음을 듣지 못했는가?" 하고 곧 혀를 잘라 죽이니

2월 12일이었다.

　죽은 지 며칠이 지나도 얼굴의 모습이 변하지 않고 늠름하게 생기가 있었다. 부보訃報가 임금 계신 곳에 알려지자 주상께서는 놀라고 슬퍼하면서 급히 유사에게 명하여 벼슬을 올려주고 정려를 내렸다. 상여를 호송하여 내려보내니 그해 5월에 순천의 북쪽 모후산 건좌의 언덕에 장례를 치렀다.

　공은 타고난 자질이 준수하고 고결하며 풍채가 시원스러웠다. 의기를 숭상하고 담론을 잘하며 가정의 행실이 독후하여 가정에는 효성과 우애의 도리를 다하였다. 비록 유배를 가는 중이라도 아침저녁으로 반드시 신주에 절을 하여 선조를 받드는 예절은 빠뜨리는 일이 없었다. 재물을 가벼이 여겨 베풀기를 좋아함에 태연하여 구차한 바가 없었다. 분가[析箸]⁴하는 날을 당하여 노비와 전토를 형과 여동생에게 미루어 주면서 택하여 갖도록 하고 스스로 약한 종과 척박한 토지를 취하였다. 종족 간에는 화목과 사랑으로 하여 재주 있는 자를 가르치고 궁하고 배고픈 자를 도와줌이 많았으니 다른 사람들은 따르기가 어려운 바였다. 임진년 난리에 영남의 어떤 어린 형제가 떠돌아다니면서 빌어먹다가 금성錦城(나주)에 이르렀는데 공이 자기의 문에 거처하게 하면서 기르고 가르쳐 성취하는데 이르더니 공이 죽음에 미쳐

---

3 안고경(顔杲卿): 당나라 임기 사람. 자는 흔(昕). 시호는 충절. 안록산이 반란을 일으키자 녹산의 가자(假子) 이흠주(李欽湊)를 죽이고 적장 고막을 사로잡았다. 어사중승이 되어 적을 방어할 계책을 세우기 전에 녹산의 공격을 받아 식량과 화살이 다되어 적에게 사로잡혔다. 그는 천진교 다리 기둥에 묶여 몸을 토막 내어도 욕을 하다가 죽었다. 『唐書』 百九十二.

4 분가[析箸]: 석저는 젓가락을 나누어 갖는다는 뜻. 서민의 집에서 분가함을 이르는 말이다. 方文 〈寄懷齊方壺〉. "弟兄析箸家酷貧".

심상삼년心喪三年의 복을 입었다.

　공은 평생에 악한 자를 미워하기를 원수처럼 하여 이 때문에 여러 번 남에게 미움을 받았지만 화와 복, 이익과 피해로 그 지키는 마음을 바꾸지는 않았다. 처음 벼슬길에 오른 때부터 14년 동안 벼슬살이를 했지만 조정에 있는 것은 겨우 3년이었는데 광해군의 조정에서 당한 일은 말할 것도 없고 중흥의 초기[인조반정]에 있어서도 공의 뛰어난 재주와 곧은 절의로 마땅히 먼저 현귀한 벼슬에 발탁되어야 했겠지만 앉아서 요직에 있는 자들에게 뜻을 잃어 벼슬길이 막혔다. 끝에 가서는 결국 성취한 일의 탁월함이 이와 같은데도 지난날의 원한을 보복하는 자들에게 정지되어 포상하는 은전도 끝내 한 품계(좌승지)에 불과하니 식자識者들이 거듭 개탄하고 아까워하였다.

　공의 시와 문은 호매하면서도 순하고 고와 세속의 난삽한 형태를 끊어버리니 문예를 숭상하는 사람들이 추존하여 허여함이 많았다. 월사月沙 이상공께서는 일찍이 두 아들로 하여금 공에게 나아가 공부를 하게 한 일이 있었고, 저술은 모두 계축년의 화를 당하던 때에 잃어버렸다. 다만 유배생활을 하면서 읊은 시와 세상에 흘러 전한 것을 얻어 집에 보관하였더니 지금에 약간 몇 수를 뽑아 판에 새겨 금호공의 문집 뒤에 부쳤다.

　공은 두 아들을 두었으니 장남 득열得悅은 문과에 장원하여 사간원 헌납이고 차남 득붕得朋은 장기瘴氣의 병에 걸려 결혼하지 못하고 죽었다. 측출側出은 3남 3녀니 아들은 득이得怡·득무得懋·득재得材이다. 득열의 아들은 셋인데 장남 치峙는 일찍 죽고 차남 교嶠는 참봉이고 막내는 시峕이다. 내외손자 증손 현손의 남녀 약간이 있다.

公諱檜, 字公直, 錦湖公之從子也. 錦湖之弟曰吉秀, 禮曹佐郞, 曰貞秀, 刑曹佐郞, 贈左承旨. 承旨公聘全義 李氏縣令震男之女, 以嘉靖壬戌九月生公. 佐郞公無嗣, 取而子之. 公生而儁偉, 異凡兒, 自能言便解文字, 六歲始學, 讀書倍文, 聰敏絶人. 稍長詞藻日進, 每就場屋輒屈. 其曹偶一時諸名勝, 皆折輩行與交. 壬午陞上庠, 癸未丁李夫人憂, 未練, 又遭承旨公喪, 喪未除, 佐郞公又不幸, 公七年持制如一日, 毁幾滅性. 服闋, 委禽于松江 鄭相國之門, 始承旨公, 與松江約婚, 至是八年而竟成親, 兩家信義, 人皆嘆服. 癸巳所後妣魯夫人棄世, 時當寇難搶攘, 而送終之禮, 自盡無憾. 去喪, 奉家廟, 避地海西寓居首陽山下, 時松江旣歿, 時論亦大變. 公謝絶公車業, 栖遑鄕曲, 唯以酒賦自娛. 辛亥始登第, 以年滿五十, 例授成均館典籍. 羅州有金佑成者, 公素與同閈相親, 後見其黨惡逞凶, 痛絶之. 及公登第榮歸之日, 佑成以舊誼來賀, 公終不交一語. 自是佑成, 益御之次骨, 日慫恿於仁弘·爾瞻輩, 謀所以中傷公者萬方, 公亦無意於世, 復歸海西舊寓, 自號觀海, 相羊以自適. 癸丑復除典籍, 以致祭官, 往長淵, 會誣告獄大起, 爰書中, 有林浩爲名者, 爾瞻以其字音, 與公名相近, 勒成罪案, 逮公夫人及弱子得朋. 得朋年甫十四, 越法濫刑, 欲以取誣服, 得朋終不服, 則又誘問其同游之兒而逮訊之, 其兒亦不服而死. 公自長淵被收, 備受栲掠, 危綴幾殊, 猶矻矻不少撓, 援筆置對曰:"林浩之浩字, 浩浩其天之浩也, 林檜之檜字, 滿山松檜之檜也.", 賊臣輩, 知不可强服, 竄之邊遠. 公配梁山, 得朋配昆陽, 皆瘴癘遠惡地也. 公與得朋, 間關跋涉, 猶背負父母神主以行道路, 觀者莫不揮涕. 在謫十年, 至癸亥改玉, 盡還流放諸人, 公亦拜禮曹正郞, 轉軍器寺僉正. 朝議將修南漢山城, 爲保障之地, 而牧守難其人. 申文貞公欽, 首薦公爲廣州牧使, 廣本京輔巖邑, 且築城事殷, 庶務草創, 公殫心規畫, 措置有方. 甲子春, 逆适興兵叛國內震懼. 公鎭下無管轄軍兵, 空拳奮義, 計無所施. 乃招集父老, 諭以大義, 得民兵數百而賊猝逼京城. 大駕南幸, 公聞報夜馳, 出迎于果川, 則大駕已過矣. 公南望痛哭, 策馬追赴行, 復計之曰: "今不急防淺灘, 任賊長驅, 則凶鋒所及, 有不忍言者.", 遂還州境, 整頓部伍, 以爲遮截江灘之計. 是日, 賊敗於鞍嶺, 獨與其腹心數百人, 已渡淺灘而南. 公以孤軍, 猝然相遇於慶安驛橋邊, 一朝烏合之卒. 不戰而潰, 公遂被執. 賊素服公氣節, 不敢遽加刃. 賊將韓明璉謂适曰: "若釋此人, 必躡吾後, 不如速除以絶患". 适令降倭捽公, 脅之使屈, 公厲聲罵曰: "國家錄汝勳勞, 崇汝爵秩, 汝何敢反, 汝何敢反? 恨不斬汝萬段. 何不速殺我?", 适大怒, 手劍以刺之, 公體無完膚. 猶口不絶罵, 适益怒曰: "爾書生, 獨不聞顔杲卿之死乎?", 卽斷舌以至死, 二月十二日也. 死旣數日, 顔貌不變, 凜凜有生氣. 訃聞行在, 上驚悼, 亟命有司, 貤爵旌閭. 沿路護櫬以送, 以其年五月, 葬于順天治北母后山乾坐之原. 公天資峻潔, 風岸抗爽. 尙氣義善談論, 篤於內行, 家庭之間, 孝友盡倫. 雖在遷謫中, 朝夕必展謁神主, 奉先之節, 未嘗有缺. 輕財好施, 脫然無所苟. 當析箸之日, 臧獲土田, 推與兄妹擇占, 而自取其殘瘠者. 睦愛宗族, 敎其才者, 而賙給其窮餓者多, 人所難及. 壬辰之難, 嶺南人有兄弟童丱而行乞者, 轉到錦城, 公處門下, 育而誨之, 以至成就, 及公卒, 服心喪三年. 公平生嫉惡如讐, 以此屢憎於人, 而不以禍福利害易其守. 釋褐十四年, 立朝厪厪三載, 昏朝所遭, 固無論, 已至中興之初, 以公俊才直節, 宜首被顯擢, 而坐失當路意, 枳其仕途, 逮其末, 終所成就卓卓如此, 而猶尼於修郡者, 追襃之典, 終不過一階, 識者重爲之慨惜焉. 公爲詩文, 邁逸婉麗, 絶去世俗鉤棘之態, 藝苑諸公, 多推許之. 月沙李相國, 嘗令其二子, 就公受業,所著述, 盡軼於癸丑之禍. 只有謫中吟咏, 及得於流傳者, 藏于家, 今以若干首抄刻, 以附於錦湖集中. 公有二男, 長得悅文科壯元, 司諫院獻納, 次得朋, 病瘴未娶而夭. 側出三男三女, 男得怡·得懋·得材. 得悅男三人, 長峙蚤歿, 次嶠參奉, 次岜. 內外孫曾玄男女, 總若干人.

관해임공묘지명 병서
觀海林公墓誌銘 並序[1]

관해 임공의 순절이 어느덧 흘러 벌써 이주갑二周甲이 지났다. 하루는 그분의 후손 우천宇天이 공의 유당지지幽堂之誌를 얻고자 원하여 전후로 멀고 험한 길을 걸어서 온 것이 여러 번이었다. 이제 또 상복을 동여맨 채로 천리의 무더운 여름 길을 걸어와 다시 이전 날의 간절한 뜻을 말하기를, "우리 선조는 바로 금호錦湖의 조카요 송강松江의 사위였으니, 명론名論과 절의節義가 한세상에서 모두 추앙하던 바인데, 연대가 너무 멀어 장차 민몰泯沒될까 하여 저는 그 점을 두려워합니다. 그리고 기필코 그대에게 부탁하는 것은 그대가 송강의 후예이기 때문이니, 원컨대 그대는 시도해 주시오." 라고 하였다. 내가 말하기를, "그대의 말이 참으로 슬프고 간절하오. 일이 맺어진 무거움으로 책임을 맡기니 내가 차마 어떻게 끝까지 사양하겠소." 라고 하였다.

공의 휘는 회檜요 자는 공직公直이니 본래 타고난 모습이 뛰어났다. 말을 할 수 있을 때부터 문득 문자를 해독하더니, 6세에 배움을 시작하자 문리가 날마다 진취하였고, 점점 자라며 뛰어난 명성이 더욱 퍼져나가 과장에서 영예를 독차지 하였으나 조급하게 여기지 않았다.

---

1 이 글은 염재(念齋) 정실(鄭宲)이 지은 것이다.

언론과 의론이 높고 밝았으며 풍채가 엄숙하고 단정하여 더불어 사귀던 사람들이 모두 일시의 이름 높은 분들이었는데, 세상 사람들 중에 곁으로 모함하고 서로 지조를 바꾸는 사람들 잘못으로 여기저기를 진흙 찌꺼기처럼 버려졌는데, 오히려 격양激揚하는 일을 자기의 임무로 삼고 이해利害 때문에 마음을 움직이지 않았다.

임오년(1582) 성균 진사에 오르고, 같은 해에 생가生家의 부모상을 당하고, 복을 벗지 못하고 또 양가養家 아버지 상을 당했으니, 7년 동안 복제服制를 하루처럼 하면서 슬픔으로 몸을 해쳐 거의 죽음에 이를 지경이었다. 계사년에 양가의 모부인母夫人이 또 갑자기 세상을 뜨니, 마침 그때는 임진왜란 후로 아직 창과 방패의 싸움이 한창이었는데, 상례를 넉넉히 다하여 소란스러움으로 조금도 예를 폐하지 않았다. 이어서 해주海州의 수양산 아래에 우거하였는데, 이때는 송강이 이미 세상을 떠나고 시론時論이 크게 변하니 공이 과업을 폐하고 정처 없이 이곳저곳을 거닐었다.

신해년에 비로소 문과에 올라 나이가 50이라는 이유로 전적에 올랐다. 나주의 김우성金佑成이라는 사람은 옛날에 공과 더불어 같은 마을 사람이었다. 공이 그가 사당邪黨에 관계하는 것을 보고 깨끗이 절교하였더니, 공이 영화롭게 귀향하던 때를 당하여 우성이 찾아와 축하하자 공이 한마디의 말로도 접하지 않으니 우성이 더욱 앙심을 품고 날마다 정인홍鄭仁弘·이이첨李爾瞻 무리들에게 졸라대어 반드시 중상中傷을 하고자 하였다.

계축년에 치제관으로서 장연長淵에 갔는데 마침 무옥誣獄이 일어났다. 임호林浩란 사람의 이름이 죄인의 기록 가운데에 들어 있었는데, 그 이름 글자의 음이 공의 이름과 비슷하므로 이첨의 무리들이 공의 부인과 어린 아들 득붕得朋을 감옥에 붙잡아 넣었으니 득붕은 나이 겨우 14세였다. 법을 어겨 음형淫刑을 가하였고, 공도 또한 체포되어 고문을 받았으나 굽히지 않으니 흉도들이 억지로 굴복시킬 수 없음을 알고는 양산梁山으로 공을 귀양 보내게 하였다. 공이 아들 득붕과 함께 영남으로 끌려가면서도 등에 신주를 지고 걸어가며 아침저녁으로 반드시 펴놓고 참배하니, 보는 사람들이 모두 눈물을 흘렸다.

계해년 인조반정에 처음으로 예조정랑에 임명되었다가 군기시 첨정으로 옮겼으니, 그때에 묘당의 의론이 한창 남한산성을 중수하고자 하던 터라, 문정공 신흠申欽이 공을 천거하여 광주부윤으로 삼았다. 공이 마음을 다하여 계획을 세우고 조치하는 일에 규모가 있었다. 갑자년에 역적 이괄李适이 반란을 일으켜 임금의 수레가 남쪽으로 옮길 때에 공의 관할 지역에 군사가 없었으므로 부로父老를 불러들여 민병民兵 수백 명을 모집하여 과천果川으로 마중을 나갔더니 임금의 수레는 이미 지나가 버렸다. 공이 통곡하며, "적이 만약 멀리 쫓아와 시내를 건넌다면 일이 위태롭다." 하고는 급히 군사를 돌려 강과 개울을 가로막을 계획을 세웠는데 그날에 도망가던 적을 만나 경안역慶安驛의 다리에서 교전하다가 힘이 다해 붙잡혔다. 적장 한명련韓明璉이 공을 죽이도록 권하자 이괄이 항복한 왜병을 시켜 공에게 투항하도록 협박하거늘 크게 꾸짖기를, "나라에서 너의 노고를 기록하여 너에게 높은 벼슬로 총애하였는데 어찌하여 너 자신을 등지고 반란을 일으켰는가, 너를 만단으로 목을 베지 못하는 것이 한스러운데 왜 나를 빨리 죽이지 않느냐?"라고 하니, 이괄이 매우 성을 내며 손에 든 칼로 찔러 몸에 온전한 살갗이 없었으나 오히려 꾸짖기를 그치지 않으니 적이 또 혀를 끊어 죽게 하였으니 2월 12일이었다.

죽은 지 며칠이 지났으나 얼굴 모습이 늠름하여 생기가 있었다. 부음이 들리자 임금이 놀라 슬퍼하여 유사有司에게 명하여 부의를 보내며 벼슬을 증직하고 정려를 짓게 하며 또 호상護喪하여 돌아가게 명하니 그해 5월에 순천 읍내의 북쪽 모후산 건乾의 좌향坐向 언덕에 장사지내니 향년 63세였다. 숙부인 영일정씨迎日鄭氏의 묘에 부장하였다.

공의 세계世系는 평택平澤에서 나왔으나 조상은 고려시대의 영삼사사 희禧였고, 그 뒤의 충정공 언수彦脩와 충간공 성미成味 모두 명신이었다. 첨정으로 이조참판에 증직된 휘 만근萬根은 증조요 북도병마절도사였던 휘 준畯은 할아버지였다. 아버지는 좌승지에 증직되고 형조좌랑이 행직行職인 휘 정수貞秀였다. 전의이씨全義李氏 현감 진남震男의 따님에게 장가들어 임술년에 공을 낳았는데 계부季父 좌랑 휘 길수吉秀의 사자嗣子로 출계하였다.

공의 두 아들 중 큰아들 득열得悅은 문과에 올라 헌납獻納이었고, 막내 득붕得朋은 일찍 요절하였다. 득이得怡·득재得材·득무得懋는 서출이다. 헌납의 아들 교㠾는 참봉인데 공의 명으로 본가로 돌려보냈고, 시㠾가 실제로 공의 주사主嗣였다. 시㠾가 아들 구년龜年을 낳았는데 호灝와 주극柱極·주민柱旻은 구년의 아들과 손자이다. 중석重錫이 있었으니 동지였고, 전후에 글을 청했던 사람은 방雱과 우천宇天인데 모두 참봉계였다. 나머지는 다 기록하지 못한다.

아아! 하늘이 공을 낳음은 우연한 일같지 않은데 굴절시키고 막았음은 무엇 때문일까? 공이 젊어서부터 부모와 사우師友의 사이에 종학從學하면서 주장하던 언론이 남의 허물을 용납할 수 없었으므로 뭇 소인들의 싫어함이 누적되어 변두리에서 노닐었던바 오래였는데 하루아침에 피가 쇠와 나무에까지 묻어 염해炎海의 바닷가로 쫓겨나 이름이 당고党錮의 기록에 편입되었고, 뒤로 또 적은 군사로 적을 만나 적을 꾸짖으며 굽히지 않고 마침내 아홉 번 죽어도 후회하지 않았으니 그 얼마나 장한 일인가. 아아! 첫 번째 수립했던 것이 영화를 이미 다했으니 동한東漢의 열사들인 범방范滂이나 양구楊球와 같은 분들과 함께 전해질 수 있겠다. 그리고 마지막으로 변득辨得했던 바가 더욱 뛰어났으니 상산태수常山太守이던 안고경顔杲卿과 더불어 하나로 돌아갔다. 그렇다면 하늘이 막으려했던 까닭은 막았던 것이 아니요 바로 그분의 이름을 오해 전하려던 이유이었으리라. 공에게 있어 무슨 유감스러운 바가 있겠는가. 그러나 천고 지사들의 억울한 바를 어떻게 없앨 수 있겠는가.

옛날에 우암 선생이 『금호집』에 발문을 썼는데, 아울러 공을 찬양하기를, "임씨의 가문에 어찌하여 이렇게 어진 이들이 많은고"라고 하였으며, 서하 이민서李敏叙 공이 유고에 서문으로 쓰기를, "높은 문장과 장렬한 충신이 공의 부자에게서 함께 나왔으니 이 점 또한 기특하다."라고 하였으니, 이 점만 보아도 역시 공을 알 만하였다.

오늘날은 세도가 쇠퇴하여 인심이 묻히고 빠져 들어가 아득하고 혼란하여 절의라는 것이 어떤 것인지도 알지 못하니, 인간으로 하여 한심한 생각조차 들지 않도록 한다. 이제 붓을 먹에 적셔 공의 묘소에 명을 짓는 일에 당하자 실제로 구원九原의 생각이 들게 하더라. 명銘에 이르기를,

烈烈林公　　열렬한 임공이여
南士之秀　　남방 선비 중에 빼어난 분이었도다.
忠義其性　　충의로움이 그분의 천성이었고

其性峻潔　그분의 천성은 준결하였네.

憂時慨世　시대를 걱정하고 세상을 개탄하여

淑慝必辨　옳고 그름을 반드시 변별하였네.

彼媢疾者　저기 모질하던 자들이여

鍛鍊成案　억지 고문으로 죄안을 만들었도다.

萬死生還　만 번의 죽음에서 살아나 돌아오니

逆氣又惡　역적의 기세는 또 사나웠네.

幾死於黨　당파 싸움에서 죽을 뻔하다가

竟死於節　끝내는 절개 지키다 죽어갔네.

滄海于南　남방의 창해에서

名繫朱鳥　이름을 임금까지도 알아주도다.

我筆如鉞　나의 붓대를 도끼처럼 하였으니

請諗來許　읽는 사람들 허락하여 주리로다.

　　　숭정기원 후 세 번째 계사년(1773) 7월 상순에 정실鄭宲[2]이 쓰다.

---

2 정실(鄭宲 1701~1776): 조선 후기의 문신. 본관은 영일(迎日). 자는 공화(公華), 호는 염재(念齋). 충주 출생. 철(澈)의 후손이며, 순하(舜河)의 아들이다. 이재(李縡)의 문인으로, 1739년 호조좌랑으로 정시문과에 을과로 급제한 뒤 교리·장령·정언을 거쳐, 1756년 안동부사, 1761년 좌유선(左諭善), 이듬해 예문관제학이 되었다. 1764년 강화부유수에 이어 홍문관제학·도승지가 되었고, 대제학·형조참판을 거쳐 1767년 호조판서·지경연사(知經筵事)를 역임하였으며, 이듬해 평안도관찰사를 거쳐 이조판서에 올랐다. 1770년에 치사(致仕)하고 봉조하(奉朝賀)가 되었다. 편서로『松江年譜』가 있다. 시호는 문정(文靖)이다.

觀海 林公之殉節, 倏已過再甲子矣. 一日, 其後孫宇天, 願得公幽堂之誌, 前後跋涉而來者屢矣. 今又以纍然喪服, 千里暑行, 復申前日之懇曰: "吾先祖, 是錦湖之姪, 松江之婿也, 名論節義, 一世所共推, 而年代寖遠, 將至泯沒, 吾爲是懼. 而必托於子者, 以子爲松江之後裔也, 願子圖之". 余謂: "子言誠悲切. 至責以事契之重, 則余何忍終辭". 公諱檜, 字公直, 天姿儁偉. 自能言便解文字, 六歲始學文理日進, 稍長華聞益播, 擅譽於場屋而不屑也. 言議抗爽, 風儀峻整, 所與交皆一時名勝, 病世之側媚回互者唾猶泥滓, 猶以激揚爲己任, 不以利害而動心. 壬午成均進士, 同年丁生家內外艱, 服未除又遭先考喪, 七年持制如一日, 毁幾滅性. 癸巳所後夫人又奄忽, 時尙干戈搶攘, 克盡喪禮不以騷騷而或癈. 仍寓居于海州 首陽山下, 時松江已捐世, 時論大變, 公廢業捷遑. 辛亥始釋褐, 以年滿五十陞典籍. 羅州 金佑成者, 舊與公同閈者也. 公見其黨邪而痛絶之, 及公榮歸, 佑成來賀, 公不交一語, 佑成益銜之, 日慫慂於仁弘, 爾瞻輩, 必欲中傷, 公亦無意於世, 屛居於鄕, 自號觀海居士. 癸丑以致祭官往長淵, 會誣獄起. 有林浩者名入爰書中, 以其字音與公相近. 爾瞻輩, 逮公夫人及穉子得朋于獄, 得朋年纔十四. 越法淫刑, 公亦被收受拷掠不撓, 凶徒知不可强服, 竄公于梁山. 公與得朋艱關領海, 背負神主而行, 朝夕必展謁, 見者皆揮涕. 癸亥仁廟改玉, 始拜禮曹正郞轉軍器寺僉正, 時廟議方重修南漢山城, 申文貞公 欽, 薦公爲其尹, 公殫心規畵措置有方. 甲子逆适叛, 大駕南遷, 公以管下無軍, 招父老募民兵數百, 出迎于果川則大駕已過矣. 公痛哭曰: "賊若長驅而渡則事其殆矣", 急回軍爲遮絶江灘之計, 是日値賊敗走, 猝遇於慶安驛橋, 力屈遂被執. 賊將明璉勸殺公, 适令降倭脅公使降, 大罵曰: "國家紀汝勞寵汝秩, 何負於汝而叛耶? 恨不斬汝萬段, 何不速殺我乎?".

适大怒, 手劒刺之, 體無完膚, 猶不絶罵, 賊又斷舌以至死, 二月十二日也. 死旣數日, 顔貌凜凜有生氣. 訃聞上驚悼, 命有司致傳贈爵旌閭, 又命護喪而歸, 以其年五月日, 葬于順天治北母後山乾坐之原, 享年六十三. 淑夫人迎日 鄭氏祔焉. 公之世出於平澤, 其上祖高麗領三司事禧也, 其後忠貞公彥脩·忠簡公 成味俱爲名臣. 曰僉正贈吏曹參判諱萬根曾祖也, 曰北道兵馬節度使諱晙祖考也. 考贈左承旨行刑曹佐郎諱貞秀. 聘全義 李氏縣監震男之女, 生公壬戌出爲季父佐郞諱吉秀之嗣. 公之二男, 長得悅文科獻納, 季得朋早夭. 曰得怡·得材·得懋庶出也. 獻納子曰嶠參奉, 以公命歸于本宗第, 当實主公嗣. 生男曰龜年, 曰灝及柱極·柱昃, 龜年之自若孫也. 有曰重錫同知, 及前後請文者, 雯及宇天皆參奉派也. 餘不能盡記. 噫! 天之生公, 若不偶然而旋又閼之何也? 公自少, 從學於父母師友之間, 主張言論不能容人之過, 積忤群小, 遊於羿彀者久矣, 一朝血染金木, 跡擯炎海, 名入於黨錮之編, 後又偏師遇賊, 罵賊不屈, 竟九死而靡悔何其壯也? 噫! 初頭樹立光華已極, 可與范滂 楊球同其傳, 而末稍所辯得, 尤卓卓然, 可與顔 常山同歸. 然則天之所以閼之者非閼也, 乃所以壽其名也. 在公何所憾? 而千古志士所掩抑, 烏可已也? 昔尤菴先生, 跋『錦湖集』而幷贊公曰: "林氏之門, 一何多賢?", 西河 李公, 又序公之稿曰: "高文壯忠, 幷出於公之父子, 斯又奇矣", 觀於此, 亦可以知公矣. 目今世道陵夷, 人心陷溺, 泯泯棼棼, 不知節義之爲何物, 令人不覺心寒. 玆當泚筆而銘公墓, 實有文于九原之思. 銘曰, 烈烈林公, 南士之秀, 忠義其性, 其性峻潔. 憂時慨世, 淑懋必辨. 彼媢疾者, 鍛鍊成案. 萬死生還, 逆氣又惡. 幾死於黨, 竟死於節. 滄海于南, 名繫朱鳥. 我筆如鉞, 請諗來許.

崇禎紀元後三癸巳孟秋上澣, 崇祿大夫前行吏曹判書兼弘文館大提學藝文館大提學致仕奉朝賀, 鄭宗, 撰.

증이조참판관해임공신도비명 병서
贈吏曹參判觀海林公神道碑銘 並序

천고의 정영(精英)한 기운을 받아 우주의 강건한 기절을 품고 태어나시어 문학은 가히 국책(國策)을 빛낼 수 있고 재주는 가히 세무(世務)를 주간할 수 있었으나 때를 만나지 못하여 요로에 있는 자들의 탄압과 많은 간악한 자들의 무도를 견딜 수 없어 산수 간에 빛을 감추려고도 하였다. 그러나 국가가 위난을 당하였을 때에는 태양을 꿰뚫는 충성을 세우고야 말았으며 가슴에 뿌리박힌 절의도 구김 없이 보이셨다. 몸 바쳐 나라에 보답한 소식을 임금님은 들으시고 놀라 정려를 명하시었으며 피 뿌려 역적을 매도한 그 늠연한 기상이 금고(今古)에 전하여 천년에 혁혁한 빛 그칠 줄 모르는 분은 오직 관해 임공이라 하겠다.

공의 성은 임(林)이요 휘는 회(檜)요 자는 공직(公直)이요 호는 관해(觀海)이시니, 선계(先系)는 학사공(學士公)이 동쪽으로 건너오셔서 용주방(龍珠坊)에 정박하셨으므로 관향을 평택으로 하였다. 고려 때 영삼사사를 지내신 휘 희(禧)를 중조로 모시고 충정공 평성부원군 휘 언수(彦脩)는 8세조이시며, 이조에 와서 휘 상양(尙陽)은 지훈련관사를 지내셨는데 공의 6세조이시다. 증조의 휘 만근(萬根)은 첨정으로 이조참판의 증직을 받으셨고, 조의 휘는 준(晙)이시니 북도병마절도사를 지내시었으며, 네 분의 아드님을 두셨는데, 원수(元秀)는 진사요 형수(亨秀)는 부제학으로 이판의 증직을 받으셨고 길수(吉秀)는 예조좌랑이요 정수(貞秀)는 형조좌랑으로 승지의 증직을 받으시니 이분이 공의 선고先考이시다. 배위에 전의이씨는 현령 진남震男의 따님으로서 명종 17년 임술 9월에 나주 송현제에서 공을 낳으셨다. 이때 좌랑공이 아들이 없으셔서 공을 데려다 아들로 삼으셨다.

　공은 나실 때부터 준위俊偉하시고 총명이 뛰어나서 말을 배우실 때부터 문자를 알았고, 백형 송파공을 따라 글을 읽기를 시작하시니 민첩한 재주는 남보다 뛰어나서 문장은 날로 진취하여 기량을 겨루는 자리에 나가시면 앞서는 사람이 없으니 모든 부로들이 장래의 대기大器로 촉망하였다. 공의 나이 21세에 진사에 합격하시고 다음 해 계미에 이부인의 상을 당하시었으며 열 달이 다 못되어 또 승지공의 상을 당하시고 탈상하시기 전에 좌랑공이 또 불행을 당하셨다. 공이 7년간 거상居喪하시며 법도를 하루같이 지키시니 몸은 쇠약하여 생명이 위태할 지경에 이르셨다.

　공은 복을 벗으신 후에 송강 정선생의 집으로 장가를 드시었다. 그 전에 승지공이 계실 때 송강 선생과 혼약을 하신지 8년이 지난 이때서야 혼사를 이루시니 양가의 굳은 신의에 사람마다 탄복하였다고 한다. 계사년에 양모養母이신 함평咸平 노씨魯氏 부인이 세상을 버리시니 때는 임란을 당하여 어지럽기 짝이 없었으나 송종送終하는 예절은 심력을 다하여 거상을 마치신 후에 가묘를 모시고 해서海西로 피난하여 수양산首陽山 아래로 우거를 정하셨다. 이때는 송강도 이미 돌아가셨고 시론도 크게 변하여서 공은 벼슬을 사절하시고 향리로 은퇴하여 시주詩酒로 낙을 삼고 지내셨다.

　신해년에 비로소 대과에 급제하시니 연세는 50이 되시었으며 예에 따라 성균관 전적으로 제수되시었으나 정인홍鄭仁弘·이이첨李爾瞻의 무리들이 용사用事할 때라 공을 만방으로 중상함으로 공께서도 세로世路에 뜻을 버리시고 다시 해서 옛집으로 돌아오셔서 관해觀海라 자호하시고 자연을 벗삼아 편하게 지내셨다. 계축년에 다시 전적으로 임명되어 치제관의 임무를 띠고 장연長淵으로 가셨다. 이때 무옥 사건으로 크게 어지러워져서 이첨이 억지로라도 죄안을 만들려는 심산으로 공의 부인과 어린 둘째 아들 득붕得朋을 붙들어다 모진 고문을 가하였으나 14세 어린 나이인 득붕까지도 굴복하지 않으니, 흉적들은 어찌할 수 없어 먼 원방으로 귀양 보내기로 하고 공은 양산梁山으로 득붕은 곤양昆陽으로 귀양을 보냈는데, 멀기도 하고 악질도 많은 곳이었다. 공은 득붕을 데리고 천리가 넘는 험한 길을 걸어서 떠나시며 등에는 부모의 신주를 업고 가시었다. 길에서 보는 이마다 눈물을 흘리지 않는 이가 없었다. 귀양살이 10년이 지나 계해년에 인조반정이 일어나서야 풀려서 돌아오셨다.

공은 또한 예조좌랑 군기시 첨정으로 임명되셨다. 이때 조정에서 남한산성을 수축하여 보장할 곳으로 하자는 논의가 항상 일어났으나 적당한 인물이 없어 걱정하던 차에 상촌象村 신흠申欽이 공을 첫째로 추천하여 광주목사로 임명하기에 이르렀다. 광주는 본래 서울을 호위하던 요충으로서 성을 쌓는 일도 중대할 뿐 아니라 모든 일을 처음으로 시작하는 터이라 어려움이 많았으나 공은 심력을 다 바쳐 계획을 수립하고 모든 일을 질서 있게 조치하셨다.

갑자년 이른 봄에 역적 이괄李适이 반란을 일으키니 국내는 겁에 질려 떨기만 하였고, 공은 수하에 관할하는 군병이 없어 맨손으로 의리에 분개할 뿐이었다. 어찌할 수 없어 부로父老들을 소집하여 대의를 깨우치고 민병民兵 수백 인을 모았다. 그러나 적은 물밀 듯이 서울로 들이윽치니 임금은 남으로 피난하시게 되었다. 공이 이 급보를 들으시고 밤새 달려 과천果川에서 대가大駕를 맞이하려 하였으나 행차는 이미 지나간 뒤였다. 공은 남쪽을 향하여 통곡하고 말을 달려 따라가기로 하다가 다시 생각하여 말하기를, "지금 천호千戶 지역의 얕은 여울을 급히 막지 않고 도적들이 마음대로 건너도록 버려둔다면 흉악한 칼날이 닿는 곳은 차마 말 못할 일들이 벌어질 것이다" 하시고 바로 말을 돌려 본주本州로 와서 대오를 정돈하시고 강여울을 막기로 계획을 세웠었다.

이날 역적 이괄은 안현鞍峴 전투에서 대패를 당하고 겨우 심복 백 명만 데리고 강을 건너 달아나는 길이라 공은 고군약졸孤軍弱卒로 갑자기 현 이천利川인 경안역慶安驛 다리 가에서 만나게 되었는데 하루아침에 모인 군사들이라 싸우지도 못하고 무너졌다. 공이 드디어 잡혔는데 도적들도 평소 공의 높으신 기절에 감복해오던 바라 함부로 칼을 대지 못하였다. 적장 한명련韓明璉이 이괄을 보고 말하기를, "이 사람을 놓아주면 우리의 뒤를 추격할 터이니 속히 제거하여 후환을 더는 것만 같지 못하다" 하므로 이괄은 귀순한 왜장을 시켜서 공에게 굴복하라 위협하니 공이 소리 높여 꾸짖기를, "국가에서 너의 공로를 기록하고 너의 벼슬을 높여주었거늘 네가 어찌 감히 반란을 일으키느냐, 네놈을 만 토막으로 자르지 못하는 게 한이로다. 왜 나를 속히 죽이지 않느냐?" 하시니 이괄이 크게 노하여 칼을 잡고 찌르니 공의 몸엔 성한 곳이 없으셨으나 꾸짖는 소리는 그치지 않았다. 이괄이 더욱 노하여, "너는 서생이다. 안고경顔杲卿의 죽음을 듣지도 못하였느냐?" 하고 혀를 자르니, 공은 처참한 최후를 마치셨다. 돌아가신 지 수일이 지났으나 안색도 변하지 않고 늠름한 생기가 있었다. 이 소식이 임금님이 계신 곳에 들리니 인조께서는 크게 놀라시며 애도의 빛을 감추지 못하시고 그 충렬에 감동하시어 바로 유사有司에게 벼슬을 높이고 정려를 세우도록 명하시었으며 또한 연로沿路의 관원은 운장運葬에 적극 도우라고 하명하시어 이해 5월에 순천 북쪽 송광면 낙수 모후산 기슭 건좌의 언덕에 장례를 모셨으니 공의 향년은 63세였다.

공은 천품이 준결하고 기상이 호협하시며 또한 높은 가문에서 태어나 금호공錦湖公이 숙부이시고 송파공松坡公을 형으로 모셨으니 가정에서 받은 훈습薰襲은 말하지 않더라도 가히 상상할 수 있다. 고결한 시격詩格과 호방한 문장은 장강대하처럼 그 끝을 볼 수 없고 한 번만 읽어보아도 쇄연灑然하기는 선계의 맑은 바람에 천의天衣가 나부끼는 듯 사람의 마음은 스스로 도취되어 기쁨을 금할 길이 없었다. 병란에 사라지고 그 유집 한 권만이 세상에 간포되었으나 전부의 맛을 다 보지 못함이 한스럽다.

또한 권석주權石洲가 그 장인의 묘문을 공에게 청하면서 "자네가 아니면 세인들의 의혹을 깰 수 없다." 하였고, 월사月沙 이공李公은 두 아들을 공에게 보내 수업을 받게 하였으니 당시 제공들의 추허한 바를 엿볼 수 있고, 공이 강수은姜睡隱 제문에 말씀하시기를, "순수하고 정직한 사람은 남에게 미움을 사고 탐욕하고 음흉한 자는 남들이 좋아한다. 미워하기 때문에 비방받아 억눌려서 세상에 발을 못 붙이게 되고 좋아하기 때문에 꾸미고 추어올려서 세상에 출세를 시켜 좋은 수레에 빛나는 일산을 받쳐 광채가 눈부시다. 마을에서 부러워하고 길거리에서 뽐내고 다니니, 아! 착한 사람이 세상 살기란 큰 곤액困厄이라" 하셨으니, 아! 이에 말세를 통한하신 깊은 뜻을 짐작할 수 있다. 어찌 천고 선인善人들의 눈물이 떨어지지 않겠는가.

정부인 영일정씨迎日鄭氏는 이남二男을 두셨는데, 장長에 득열得悅은 문과에 장원하여 사간원 헌납을 지내셨고, 다음 득붕得朋은 수토병水土病으로 고생하다 장가를 들지 못하고 일찍 죽었다. 후배後配에 삼남이녀三男二女를 두셨는데, 득이得怡·득재得材·득무得懋이시다. 득열得悅은 삼남三男을 두셨으니 시晿는 통사랑이요 치峙는 통덕랑이요 교嶠는 본종本宗으로 출계하였다. 득이得怡는 사남四男을 두셨는데, 휘徽·징徵·암巖·순峋이요, 득재得材는 이남二男을 두셨는데, 희山喜·돈山頓이다. 시晿는 이남二男을 두셨는데, 구년龜年·용년龍年이다. 이하 증·현손은 많아서 다 기록할 수 없다.

　오호라! 공은 깊으신 학문과 높으신 덕행으로 절의를 실천하시고 순국하신 업적은 이처럼 뛰어나신 데도 역사를 맡은 사람들의 사후에 공을 칭송하고[追襃] 시호를 하사하는[賜諡] 은전을 받지 못하시어 식자들의 안타까움은 오백 년이 되었다. 인심은 같은 바라 공의 업적을 현양하자는 의론이 사림과 본손本孫들의 중의衆意에 일치하여 묘도에 신도비를 세우기로 하고 주변 없는 사람에게 글을 쓰라 하니 돌이켜 보건대 불민한 후생이 어찌 감히 높으신 빛을 만의 일이나마 발양할 수 있으리오. 그러나 평소에 경앙景仰하고 배우려고 힘써 온 지는 오래이다. 못하는 글이라고 끝내 사양하며 피할 수 없었으므로 삼가 위와 같이 서술하였다. 따라서 명을 쓰오니,

　　　度濶滄海　도량은 창해같이 넓으시고
　　　義重泰山　의리는 태산같이 무거우셨도다.
　　　捨身報國　몸 바쳐 나라에 갚으실 제
　　　樂取熊掌　기꺼이 곰의 발바닥을 취하셨다.

遺芳千古	꽃다움 천고에 끼치시니
正氣射斗	바른 기운 북두에 쏘나이다.
登臨有祠	등임登臨에 사우 있고
旌烈薦芬	정열사旌烈祠에 향화드리오니
垂名汗靑	청사에 빛나는 이름
千載公言	천만년의 공언公言이라 하옵니다.

무오년 시월 일 후학 김해 김헌태金憲泰 근찬 병서

※

有若稟千古之精英, 抱宇宙之氣節, 文可以賁飾王猷, 才可以幹裁世務, 或不得於世而坎軻於當路, 被誣於群奸, 若將韜晦山水, 而及當危難之際, 貫日之忠不樹不已, 根天之義不扶不止, 捨身報國, 動宸聽而命旌, 瀝血罵賊, 振今古而凜烈, 赫赫於千載而不知其窮者, 吾之於觀海 林公見之矣. 公姓林, 諱檜, 字公直, 號觀海, 系出學士公, 東渡泊於龍珠故, 平澤爲貫. 高麗領三司事諱禧爲中祖, 忠貞公平城府院君諱彦脩爲八世祖, 入李朝, 有諱尙陽知訓鍊觀事寔爲公六世祖也. 曾祖諱萬根僉正贈吏曹參判, 祖諱晙 文薦北道兵馬節度使. 生四子, 元秀進士, 亨秀副提學贈吏判, 吉秀禮曹佐郎, 貞秀刑曹佐郎贈承旨, 是公之考也. 妣全義 李氏縣令震男之女, 明宗十七年壬戌九月, 生公于羅州松峴之第. 佐郎公無嗣, 取而子之. 公生而俊偉睿聰, 自能言便解文字, 隨伯兄松坡公而始學讀書, 聰敏絶人, 稍長文章日進, 每就場屋無出其右者, 諸父老咸許以大器. 公年二十一歲, 陞上庠, 翌年癸未, 丁李夫人憂, 未練又遭承旨公喪, 喪未除, 佐郎公又不幸, 公七年守制如一日, 毁幾滅性. 服闋, 委禽于松江 鄭相國之門. 始承旨公與松江約婚, 至是八年竟成親, 兩家信義, 人皆歎服. 癸巳所後妣魯氏夫人棄世, 時當壬亂搶攘, 而送終之禮, 自盡無憾. 去喪奉家廟, 避地海西, 寓居首陽山下. 時松江旣沒, 時論亦大變, 公謝絶仕路, 棲遑鄕曲, 唯以詩酒自娛. 辛亥始登第, 以年滿五十, 例授成均典籍, 時仁弘·爾瞻輩, 用事所以重傷公者萬方, 公亦無意於世, 復歸海西舊寓, 自號關海, 徜徉而自適. 癸丑復除典籍, 以致祭官往長淵. 會誣獄大起, 爾瞻勒成罪案, 逮公夫人弱子得朋, 得朋年甫十四, 終不服, 賊臣輩知不可强服, 竄之邊遠, 公配梁山, 得朋配昆陽, 皆瘴癘遠惡之地也. 公與得朋間關跋涉, 猶背父母神主以行, 道路觀者莫不揮涕. 在謫十年, 至癸亥, 仁祖反正蒙還. 公亦拜禮曹佐郞軍器寺僉正. 朝議將修南漢山城爲保障之地, 而牧守難其人, 申公欽首薦公爲廣州牧使. 廣本京輔要衝, 且築城事殷, 庶務草創, 公殫心規畫措置有方. 丙子春, 逆适興兵反亂, 國內震懼, 公鎭下無管轄軍兵, 空拳奮義. 計無所施, 乃招集父老, 諭以大義, 得民兵數百. 而賊猝逼京城, 大駕南行. 公聞報夜馳, 出迎于果川則大駕已過矣. 公南望痛哭, 策馬赴行, 行復計之曰: "念不急防淺灘, 任賊長驅, 則凶鋒所及, 有不忍言者", 遂還州境, 整頓部伍以爲遮絶江灘之計. 是日賊敗於鞍峴, 獨與其心腹百人, 已渡淺灘而南走, 公以孤軍, 猝然相遇於慶安驛橋邊, 一朝驟合之卒, 不戰自潰. 公遂被執, 賊素服公之氣節, 不敢遽加刃, 賊將韓明璉謂适曰: "若釋此人, 必踵吾後, 不如速除以絶後患", 适令降倭, 猝公脅公使屈, 公厲聲曰: "國家錄汝勳勞崇汝爵秩, 汝何敢叛? 恨不斬汝萬段. 何不速殺我?", 适大怒, 手劍而刺之, 公體無完膚, 口不絶罵. 适益怒曰: "爾書生, 獨不聞顔杲卿之死乎?", 卽斷舌以死, 是年二月十二日也. 死已數日, 顔貌不變, 凜凜有生氣. 訃聞行在, 上大加驚悼, 感其忠烈, 亟命有司馳爵旌閭, 沿路護櫬以送, 以其年五月, 葬于順天治北松光面洛水母后山乾坐之原, 享年六十三. 公天姿峻潔氣尙豪俠, 又生於簪纓華閥之門, 以錦湖爲叔, 以松坡爲兄, 家庭之薰襲, 不言可想. 而詩格之高潔, 文章之豪放, 如長江大河而不見其涯, 試一誦詠, 灑然如閭范淸風天衣翩翻, 使人心醉, 自不禁舞蹈之至. 兵燹之餘, 遺集一卷, 刊行于世, 恨不嘗全部之味矣. 且觀權石洲請其舅之墓文於公曰: "非子莫能破世人惑", 月沙 李公, 令其二子, 就公受學, 可想諸公之推許, 公之祭姜睡隱文曰: "正直醇粹者爲人所惡, 而貪愚險狠者乃爲人所好. 惡之也則排陷擯抑而使不得容迹, 好之也則獎餙振拂而引之於世道, 朱輪華蓋光彩眩人. 閭里慕之, 道路榮之, 嗚呼, 善人之生世, 其亦厄矣", 噫! 於此可以見痛恨衰世之旨矣. 豈不墮千古善人之淚哉. 貞夫人迎日 鄭氏有二男, 長得悅文科壯元司諫院獻納, 次得朋病瘴未娶而夭. 後配有三男二女, 男得怡·得材·得懋. 得悅男三人, 曰崟通士郞, 曰峙通德郞, 曰嶠出系本宗. 得怡有四男, 曰徽·曰徵·曰巖·曰岣, 得材有二男, 曰嵂·曰頔. 崟有二男, 龜年·龍年. 以下曾玄, 多不盡錄. 嗚呼, 公之邃學峻德, 殉國踐義之蹟, 若是其卓卓, 而又尼於修隙者追褒易名之典, 識者之慨惜, 五百年于玆矣. 彝哀所同, 顯揚公績之議, 蔚興於士林本孫之衆意, 且欲竪碑阡隧, 請文於不佞, 自顧不敏, 烏敢發幽光之萬一哉. 然素所景仰私淑則久矣. 不可以不文終辭, 忘僭謹叙如右. 係之以銘曰, 度濶滄海, 義重泰山. 捨身報國, 樂取熊掌. 遺芳千古, 正氣射斗. 登臨有祠, 旌烈薦芬, 垂名汗靑, 千載公言.

戊午十月日, 後學, 金海 金憲泰, 謹撰並書.

광주목사증이조참판관해임공묘갈명 병서
廣州牧使贈吏曹參判觀海林公墓碣銘 幷序

　금호 임형수 선생에게 어진 조카가 계셨으니 휘諱는 회檜요 자字는 공직公直이며 관해觀海는 그 호이다. 평택임씨가 영삼사사領三司事 희禧에서 비롯하여 충정공 언수彦脩와 충간공 성미成味가 계셨고, 조선조에 들어와 예빈시 첨정 증이조참판 만근萬根과 함경북도병마절도사 준畯과 예조좌랑 길수吉秀가 계셨으니, 이분들이 공의 증조부님 조부님 그리고 아버님이시다. 좌랑공의 부인 노씨魯氏께 소생이 없어서 셋째 형님이신 청양현감 정수貞秀의 아드님을 양자로 삼으시니, 이분이 곧 공이시다. 생가生家의 어머님은 전의이씨全義李氏 현감 진남震男의 따님이신데, 명종 임술년(1562) 9월에 공을 낳으시니, 용모가 뛰어나시고 겨우 말을 할 수 있으시자 문득 문자를 해득하시고, 6세에 취학하시어 총명함과 지혜로움이 출중하시고, 장성하시면서 시문의 재주가 뛰어나고 빛나서 과거장에 이름이 파다하였다.

　선조 임오년(1582)에 진사에 오르셨는데, 익년 계미년에 연이어 생가의 내외분의 상을 당하시고, 탈상 전에 또 좌랑공이 별세하시니, 공이 7년 간의 복제服制를 하루같이 하셨다. 탈상 후에 정철鄭澈 송강공松江公의 따님과 혼례를 올리시니, 일찍이 좌랑공이 송강과 더불어 혼약을 하셨다가 8년 만인 이해에 이르러 성혼하게 된 것이다.

　계사년(1593)에 노부인魯夫人의 상을 당하시고, 곧 해주 땅 수양산 아래로 피난하셨으니, 이때는 송강은 이미 별세하고 시론이 크게 변한 지라, 공이 과거출사科擧出仕의 일을 그만두시고 시골에서 기거하시면서 글과 술로써 스스로 즐기셨다.

  광해군 계해년(1611)에 비로소 대과에 급제하셨는데, 춘추 50이 되셨는 바, 예에 따라 성균관 전적典籍에 제수되셨다. 나주 땅에 김우성金佑成이란 자가 있어 같은 마을에서 서로 친하게 지내시다가, 후에 사당邪黨 관계로 결연히 단교斷交하셨는데, 공이 급제하고 돌아오는 날에 우성이 와서 경하하거늘 공이 한 마디도 대꾸하지 아니하시니, 우성이 원한을 품고 정인홍鄭仁弘·이이첨李爾瞻에게 모함하여 장차 배제하려한 바, 공이 또한 세상에 뜻이 없어서 다시 시골로 들어가셨다.

  계축년(1613)에 다시 전적에 제수되시어 치제관으로 장연長淵에 나아가셨는데, 이때에 옥사가 크게 일어나 그 중에 임호林浩란 자가 있어 이첨이 공의 이름과 음이 근사한 것으로써 억지로 죄안을 올리고, 공의 부인과 어린 아들 득붕得朋을 붙잡아서 혹독한 형벌을 가하였으나 끝내 굴복하지 아니하였다. 공이 장연에서 구류되시어 또한 고문과 태형을 당하시었으나 조금도 동요됨이 없이 붓을 끌어당겨 똑바로 대답하시기를 "임호林浩의 호자浩字는 호호기천浩浩其天의 호자浩字이고 임회林檜의 회자檜字는 만산송회滿山松檜의 회자檜字"라 하셨다. 이에 공은 양산梁山에 유배되고 득붕은 곤양昆陽에 유배되었다. 10년 간 적소에 계시다가 인조반정 후에 공이 예조정랑에 제수되고 군기시 첨정에 전보되셨는데, 조정에서 장차 남한산성을 수축하려고 의논하는데 성주城主를 고르기 어려운지라, 상촌象村 신흠申欽이 맨 먼저 공을 천거하여 광주목사廣州牧使가 되시니, 공이 성심을 다하여 계획하시고 조치하신 바에 규모와 법도가 있었다.

갑자년(1634) 봄에 이괄李适이 반란을 일으켜 도성을 치니 왕이 남쪽으로 파천하는지라, 공이 멀리 바라보시며 통곡하시고 빨리 따라가서 호종하려 하시다가 다시 돌이켜 생각하시기를, 지금 시급히 얕은 여울을 막지 않고 저들이 몰려오도록 버려둔다면 화가 장차 헤아릴 수 없다 하시고, 마침내 경내로 돌아와 군졸을 정돈하여 강의 여울을 차단하려 하셨는데, 이날에 이괄의 군사가 안령鞍嶺에서 패하여 다만 백여 명과 더불어 여울을 건너 남으로 내려올 적에 공과 더불어 경안역慶安驛에서 서로 만나게 되니 외로운 군병에 오합지졸인지라 싸우지도 못하고 무너져 드디어 잡힌바 되셨다. 이괄의 장수 한명련韓明璉이 이괄에게 공을 죽이라 청하고 이괄이 위협하여 굴복시키려 하였으니 공이 꾸짖어 이르되, "나라에서 너에게 훈록勳祿을 주고 너에게 작위爵位를 높여주었거늘 네가 어찌 감히 반란을 하느냐?" 하시니 이괄이 칼로 찔러서 공의 몸이 온전한 곳이 없으셨으나 꾸짖음이 끝이 아니한지라, 이괄이 그 혀를 끊어 마침내 돌아가셨는데, 때는 갑자년 2월 12일이었다. 급보가 행재소에 당도하니 왕이 놀라시고 슬퍼하시며 증직贈職과 정려旌閭를 명하시고 연로沿路에 영구靈柩를 호종케 하여 이해 5월에 순천順天 고을 북변 모후산母后山 건좌乾坐에 장사지내고 부인 정씨鄭氏를 부장하였다.

아! 공이 가정에서 독실하고 어버이를 섬기는데 정성을 다하며 형제간에 우애하고 은혜가 극곤極困한 사람에게 미치게 하며, 사악한 것을 미워하기를 원수와 같이 하심으로 사람들의 시기와 미움을 사게된 바, 벼슬길에 오르신 지 14년에 조정에 계시기는 겨우 3년이었다. 일찍이 어두운 조정을 만나 또 앞길이 막혀서 훌륭한 재주를 펴지 못하셨으나 문장이 뛰어나고 이름이 문사들 사이에 떨치니 월사月沙 이정귀

李廷龜 같은 이가 두 아들에게 명하여 나아가 수업하게 하였고, 저술하신 바는 거의 계축사화癸丑士禍에 유실되고 남은 것은 적소謫所에서 음영한 것과 흘러 전하여 온 바를 베끼고 새겨서 『금호집錦湖集』에 부록으로 실었다.

두 아들이 계셨는데, 장남 득열得悅은 문과로 사간원 헌납獻納이요, 차남은 곧 득붕得朋이시니 일찍 세상을 떠나셨다. 후배後配 이씨李氏에게 삼남삼녀三男三女가 계셨으니 아들은 득이得怡·득재得材·득무得懋이시다. 득열의 아들은 시旹이시니 통사랑通仕郞이요, 치峙는 통덕랑通德郞이며 교嶠는 출계出系하시었다. 득이得怡의 아들은 휘徽·징徵·엄嚴·순峋이요, 득재得材의 아들은 희嘻·돈頓이요, 시旹의 아들은 구년龜年·용년龍年이시다.

후에 나주 정렬사旌烈祠와 광주 등림사登臨祠에 배향하고, 모후산 주위가 본래 사패지賜牌地였는데 근자에 주암댐 수리水利의 역사役事로 큰 호수를 이루어 공과 정씨 부인의 묘소를 영구 보존할 수 없게 되어서 향선재대종회享先齋大宗會가 발의하여 나주 송월동松月洞 선영 아래 건좌乾坐의 벌에 천장하게 되니 경오년(1990) 4월 6일의 일이다. 이에 큰 비를 후손 동수東秀가 단독으로 부담하여 세우는데, 공의 유집과 가사家史를 받들고 와서 나에게 명銘을 청하니 명에 이르되,

  錦湖猶子 금호공錦湖公의 조카요
  松翁賢甥 송강松江의 어진 사위로다.
  席此娇美 훌륭한 가문을 바탕으로
  雲路方亨 관로官路가 형통하도다.
  朝黨之乖 당파의 어긋남으로
  轉眄枯榮 영화쇠락榮華衰落이 잠깐 사이에 바뀌었는가!

澤畔悲吟	호반湖畔에서 슬피 읊고
江壘孤樽	강의 진터에서 홀로 지탱하였도다.
維其壯烈	오직 그 장렬함이
爲國殉兵	나라 위해 순절하였도다.
亦有文章	문장 또한 훌륭하며
雋逸麗淸	뛰어나고 아름답도다.
雙劒韜彩	내외분이 빛을 감추듯 세상을 하직하여
嫩彼昇平	저 승주昇州 땅에 묻히었도다.
水大至矣	큰물이 이르니
遷于錦城	나주 땅에 옮겼도다.
肆有先兆	선영이 여기 계시고
神龜亦貞	유택幽宅 또한 길하도다.
乃治一碣	이에 한 비를 마련하여
樹之崢嶸	높고 높게 세우노라.

경오년(1990) 사월 초순 문학박사 진성眞城 이가원李家源 삼가 짓다

※

錦湖 林先生亨秀, 有賢從子, 諱曰檜, 字公直, 觀海其號也. 平澤之氏, 昉於高麗領三司事禧, 歷忠貞公彦脩, 忠簡公成味, 入例朝, 有禮賓寺僉正贈吏曹參判萬根, 咸鏡北道兵馬節度使畯, 禮曹佐郞吉秀, 寔於公爲曾祖大考若皇考也. 佐郞配魯夫人, 无育以第三兄靑陽縣監貞秀之子子之, 乃公也. 本生妣全義 李氏縣令震男之女, 以明宗壬戌九月生公, 生而儁偉, 自能言便解文字, 六歲始學, 聰慧絶人, 稍長詞藻煥發, 有聲場屋間. 宣祖壬午陞上庠, 癸未連遭本生內外憂, 喪未除, 而佐郞公又見背, 公七年持制如一日, 服闋, 委禽于鄭 松江·澈之門, 先是佐郎公, 與松江約婚, 至是八年而竟得成親. 癸巳遭魯夫人喪, 俄避地海西之首陽山下, 時松江旣沒, 時論大變. 公謝公車業, 栖遑海曲, 唯以文酒自娛. 光海君辛亥始登第, 年滿五十, 例授成均館典籍. 羅州有金佑成者, 同闬相摯, 後以黨異痛絶之, 暨公榮歸之日, 佑成來賀, 公不交一語, 佑成銜之, 慫慂仁弘·爾瞻, 欲將擠之謀, 公亦無意於也, 復歸海寓. 癸丑復除典籍, 以致祭官, 赴長淵, 會獄大起, 中有林浩者, 爾瞻以其與公聲相近, 勒成罪案, 逮公夫人及弱子得朋, 苟被淫刑而終不服, 公拘於長淵, 備更拷掠, 猶不少撓, 援筆直對曰: "林浩之浩字, 浩浩其天之浩也, 林檜之檜字, 滿山松檜之檜也". 於是, 公配于梁山, 得朋于昆陽, 在謫十年而癸亥, 仁祖改玉, 公乃拜禮曹正郎, 轉軍器寺僉正, 朝議將修南漢山城而牧守難其人, 申 象村 欽, 首薦公爲廣州牧使, 公盡心規畫, 措置有方. 甲子春, 李适起兵直擣王城. 王播于南, 公遙望痛哭, 亟欲往從, 旋復思之曰: "今不急防淺灘, 任被長驅, 禍將不測", 遂還州境, 整頓卒伍, 以爲遮斷江灘之計. 是日, 适軍敗於鞍嶺, 獨與百餘人, 渡灘而南, 公與遇於慶安驛, 孤旅烏合, 不戰而潰, 遂被執, 适將韓明璉請适斬公, 适脅之使屈, 公罵曰: "國家祿汝勳勞, 崇汝爵秩, 汝何敢反, 汝何敢叛?" 适手劍以刺之, 公體無完膚, 罵不絶口, 适斷其舌遂死, 二月十二日也. 赴聞行在, 上驚悼, 命虵爵旌閭. 沿路護櫬以送之, 是歲五月, 葬于順天治北母后山枕乾之原, 夫人鄭氏祔焉. 嗚呼, 公竺於內行, 事親盡忱, 友於兄妹, 惠沁窮骨而疾惡如讐, 超人猜憎, 釋褐十四年, 立朝僅三載. 卽值昏朝, 復枳當路, 不得丕展後才, 爲文辭, 雋逸婉麗, 名噪藝苑, 李 月沙 廷龜, 命二子, 就而受業, 所著述, 幾逸於癸丑之禍. 遺有謫中吟咏, 暨得於流傳者, 鈔刻以坿於錦湖集中. 有二子, 長得悅文科司諫院獻納, 次卽得朋天. 後配李氏有三男三女, 男得怡·得材·得懋. 得悅男奝通仕郎, 峕通德郎, 嶠出,得怡男徽·徵·嚴·峋, 得材男崶·頓, 岂男龜年·龍年. 後享羅之旌烈祠及光州之登臨祠, 母后山周圍, 本賜牌之地而近以住岩水利之役, 滄爲大瀦, 公暨鄭夫人幽宅, 不得永安, 於是, 自享先齋大宗會發議, 遷葬于羅之松月洞先兆之下枕乾而封, 今玆庚午載四月六日也. 乃琢穹碑, 后孫東秀, 獨擔其更, 復奉公遺集及家史, 丐銘於余, 銘曰, 錦湖猶子, 松翁賢甥. 席此姱美, 雲路方亨. 朝薰之乖, 轉眒枯榮. 澤畔悲吟, 江壘孤檉. 維其壯烈, 爲國殉兵. 亦有文章, 雋逸麗淸. 雙劒韜彩, 嫩彼昇平. 水大至矣, 遷于錦城. 肆有先兆, 神龜亦貞. 乃治一碣, 樹之崢嶸.

　　　　　　　　庚午載孟夏上浣, 文學博士, 眞城 李家源, 謹撰.

관해유고발
觀海遺稿跋

　내가 이미 금호 임공의 유고를 얻어 서문을 쓰고, 지금에 이르러 또 그 아우 좌랑공의 아들 관해공의 시와 문 약간 편을 얻어 보니, 기묘하고 호탕하여 확연히 일가의 체제를 갖추었다. 금호공의 문장과 비교하여 볼 때 부끄러운 빛이 없고, 하물며 외로운 군사로 적을 만나 적을 꾸짖으면서 굴복하지 않고 죽어 금호공이 간흉들의 뜻을 거슬러 죽은 일과 더불어 그 죽음이 같으니, 호남에는 진실로 기절(奇節)한 선비들이 많고 고매한 문장과 장대한 충렬이 아울러 공의 부자에게서 나오니 이 또한 기이한 일이다. 나는 이 때문에 그의 유고를 아울러 판각하여 『금호유고』에 부쳤다.
　무오 정월 하순에 이민서는 발문을 쓰다.

余旣得錦湖 林公遺稿而敍之, 及今又得其弟佐郞公之子觀海公詩文若干篇, 其奇逸疎蕩, 居然倐一家體. 視錦湖無愧色, 況其孤軍遇賊, 罵賊不屈而死, 與錦湖忤奸兇而死者, 其死亦同, 湖南固多奇節士, 而高文壯烈, 竝出於公之父子, 斯又奇矣. 余故竝刻其遺文, 以附『錦湖遺稿』.
　戊午正月下浣, 李敏敍, 跋.

父子蘄又齋矣余故並刻
其遺文以附錦湖遺稿
戊午正月下浣李敏敘跋

家體視錦湖無愧色況其
孤軍遇賊罵賊不屈而死
與錦湖忤奸兇而死者異
死赤同湖南固多奇節之
而高文壯烈並出於公之

觀海遺稿跋

余既得錦湖林公遺稿而
叙之及今又得其孫佐郎
公之子觀海公詩文若干
篇其奇逸踈蕩居然備一

若干人

已至中興之初以公俊才直卽宜首被顯擢而乃失當路意積其仕途遂其末終所成就草草如此而猶尼於修纂者追復之典終不過一階識者重爲之慨惜焉公爲詩文邁逸婉麗絕去世俗鉤棘之態藝苑諸公多推許之月沙李相國嘗令其二子就公受業昕著述盡軼於癸丑之禍只有謫中吟咏及得於流傳者藏于家今以若干首抄刻以附於錦湖集中公有二男長得悅文科壯元司諫院獻納次得明高禪亲娶而夭側出三男長得怡得懋得敎次男三女長嶠蚤歿次嶠祭奉次當內外孫曾玄男女繼三人長嶠蚤歿次嶠祭奉次當內外孫曾玄男女繼

以送以其年五月窆于順天治北母后山乾坐之原
公天資峻潔風岸抗爽尚氣義善談論篤於內行家
庭之間孝友盡倫雖在遷謫中朝夕必展謁神主奉
先之節未嘗有缺輕財好施脫然無所吝當折箸之
日藏獲土田推與兄妹擇占而自取其殘瘠者睦愛
宗族教其才者而賙給其窮餓者多人所難及壬辰
之難嶺南人有兄弟童丱而行乞者轉到錦城公慶
之門下育而誨之以至成就及公卒服心喪二年公
平生嫉惡如讐以此屢憎於人而不以禍福利害易
其守釋褐十四年立朝堇堇三載昏朝所遭固無論

嶺獨與其腹心數有人已渡淺灘而南公以孤軍猝然相遇於慶安驛橋邊一朝烏合之卒不戰而潰公遂被執賊素服公氣節不敢遽加刃賊將韓明璉謂适曰若釋此人必踵吾後不如速除以絕患适令降倭捽公脅之使屈公厲聲罵曰國家錄汝勳勞崇汝爵秩汝何敢叛汝何敢又恨不斬汝萬段何不速殺我适大怒手劒以刺之公體無完膚猶口不絕罵益怒曰爾書生獨不聞顏杲卿之死乎即斷舌以至死二月十二日也死既數日顏貌不變凛凛有生氣計聞行在 上驚悼丞命有司馳爵旋聞公路護喪

流放諸人公亦拜禮曹正郎轉軍器寺僉正朝議將俾南漢山城為保障之地而牧守難其人申文貞公欽首薦公為廣州牧使廣本京輔巖邑且築城事發庶務草創公殫心規畫措置有方甲子春逆适興兵叛國內震懼公鎮下無管轄軍兵空拳奮義計無所施乃招集父老諭以大義得民兵數百而賊猝逼京城　大駕南幸公聞報夜馳出迎于果川則　大駕已過矣公南望痛哭策馬追赴行復計之曰今不急防淺灘任賊長驅則凶鋒昕及有不忍言者遂還州境整頓部伍以為遮截江灘之計是日賊敗於鞍

籍以致祭官徃長淵會誄告獄大起爰書中有赫浩
為名者爾瞻以其字音與公名相近勒成罪案逮公
夫人及弱子得朋年甫十四越法濫刑欲以取
誣服得朋終不服則又誘問其同游之兒而遽訊之
其見亦不服而死公自長淵被收備受拷掠危綴幾
殊猶吃吃不以挽援筆置對曰赫浩之浩字浩浩
天之浩迎赫檜之檜迎賊臣董知
不可強服鼠之邊遠公配梁山得朋配昆陽皆瘴癘
遠惡地也公與得朋間關跋涉猶背負父母神主以
行道路觀者莫不揮涕迨在謫十年至癸亥改玉盡還

江約婚至是八年而竟成親兩家信義人皆嘆服癸
巳而後姑嘗夫人棄世時當寇難搶攘而送終之禮
自盡無憾去喪奉家廟避地海西寓居首陽山下時
松江旣歿時論亦大變公謝絕公車業擯逭鄉曲惟
以酒賦自娛辛亥始登第以年滿五十例授成均館
典籍羅州有金佑成者公素與同開相親後見其黨
惡逼凶痛絕之及公登蓂榮歸之日佑成以舊誼來
賀公終不交一語自是佑成銜之次骨日慫恿於
仁弘爾瞻輩謀所以中傷公者萬方公亦無意於世
復歸海西舊寓自娛觀海相羊以自適癸丑復除典

觀海朴公行蹟

公諱裗字公直錦湖公之從子也錦湖之弟曰吉秀
禮曹佐郎曰貞秀別曹佐郎 贈左承旨吉公聘
全義李氏縣令震男之女以嘉靖壬戌九月生公佐
郎公無嗣取而子之公生而儁偉異凡兒自能言便
解文字六歲始學讀書倍文聰敏絕人稱長詞藻日
進每就場屋輒屈其曹偶一時諸名勝皆斂華行與
交壬午年陸上庠癸未丁李夫人憂丙辰丞承旨公
襄喪未除佐郎公又不幸公七年持制如一日篤義
滅性服闋娶禽于松江鄭相國之門始承旨公與松

生之屈死而伸吾其銘

延曾祖諱獯孫通訓大夫行南平縣監祖諱駒通訓大夫行司憲府監察父諱庭篁校書館正字妣光州金氏允敬之女公先娶監役朴敏古之女生一男二女男曰拖死於丁酉之亂女適士人梁愿容次適金克純皆早死後娶蔚山金氏務功郎大亨之女光州收使應斗之孫生二男二女曰檽丁酉被虜八日本次曰揖幼女長則權之內也權之詩文爲一世所宗且有高世之名以氣合自求爲壻次幼拖有二子曰燧曰洞皆幼公嘗忿年謂余知已而權之請若斯勤然則非余誰宜銘銘曰

耶存心愛物當有一分之惠與諸友設醫局于山川間任其所藥之具出入海上辦鹽醯留邊終不顧家事事皆未就而世至於亂壬辰以後朝家益翻轉國論未定和議 筬 公著目新記事累于萬言自施仁保民治兵整旅以至兵家用間擋敵之說無所不備其言汗漫難拾乃曰 上求言歷塞得疾言多觸忤方面者忌而黜之公八海山不返以畦田鑒并教誨子宗為事歲要周而公病不起矣疾病寄書崔玆理尚重託以後事命左右扶起整衣冠北向長曉而逝享年五十四以四月十七日葬于潭陽大谷先人之

屑粿子業不有屋岸特異之行而人自不能及其言論紆餘徃復出入無窮引物連類以析至理聽之初若澗遠審思無不愜當要之以王道為心生民為念終非阿世曲學者比公之行己不少拘礙寓興而徃輒乘舟浮海遍觀諸島或遇風濤閔俛頎側雖老蒼師皆失色公命坐船尾怡然顔色不變百靈秘怪悅懌迭出視之若常嘗舟敗僅下島七日無所食搖蒼朮充腸終不飢困日遍觀島中形勝上下山麓不止人持船以徃悠然而出亦無喜色常曰吾志非不為古人與世齟齬吾其止於此矣嗤頹亦命況斯民

不可乃書送於某曰子向在湖南與吾舅游非日月
矣氣像言論踐履事迹靡不畢詳惟世系晚年所錄
書應求言萬言疏為奸臣所沮未徹者及正終等事
吾今錄與子其備書則吾舅之目可瞑於地下勿名
不淡於後世矣且曰子與吾俱稱文於世而吾舅勒
也言之若不公推於子乃所以破世人惑子其慎誌
之某不獲讓乃拉而書公初名濟民字以仁有志於
世矣而晚而不就改濟以齊字曰士役公必豪故卓
詭不羈及弱冠讀聖賢書幾徧從先生長者游沉潛
於學而无遂於易又學於士亭李先生託跡湖海不

辭乃為銘銘曰

天不與德人之所愛天亦忌之人不自修既與既誇
而不相孚天歟人乎繄誰之責有實不華有積不發
好惡異心䖍業䖍虎納銘于幽以慰餘魄其尚無憾
有後宜續

處士宋公齊民墓誌

萬曆壬寅二月二十七日湖南處士宋公齊民卒妻
金氏率弱子以禮葬惟誌石未暇其年之十月公之
姻友人權鞸自京來哭乃喟然曰吾舅之言與行雖
卓卓在湖南士人耳目然行之遠必待言之文非誌

人接之必以誠持身克儉以取氣餘以濟窮族且及
隣人其為德皆可錄也鄉人莫不加敬聯名告于官
欲以旌示後人而官多事皆未及也嗚呼若公之德
宜受報經多而處窮巷無所榮潤又無繼體者繩繩
顯達必揚公平生天之道可謂逺矣公無子以弟之
次子友侵為後有學而文以稱其世娶從妹之女寔
錦湖先生林公之外孫有子男名下安若干男長曰
汝鋌年十三能屬文亦能繼祖父業者友侵與其遊
既服喪泣而語曰吾先人宜有聞者今沉没以死子
其銘之其既嘗承顏以奉餘敎又重斷人之請不敢

翰芳譯景愚要禮賓主簿任產國女生公公以名家之子孫不事科業雖有武藝亦諱讓自晦居家日眭為孝弟事親盡飲食遊隨之奉加之敬待同氣和而愛服父喪泣血三年未嘗見齒及闕又不食肉承事親自擔荷夜亦不離側行乞奉養必進佳味不一年奉慈母充誠謹丁酉之亂避賊入關東以小轎知吾勞苦時年六十觀者嘆服及丁內艱衣縗盡至不以衰麻在身之年減酌情禮其孝蓋天性然也其分家財謂弟曰我無子凡奴婢資產惟汝所取推與之與人語言便著不出口坐立必遜雖值惡

公諱某字某系出新羅王子興光為燕居光州生角
干軾軾生吉佐高麗開國賛功以三重大匡歷左僕
射順至支貞公箓擢天㘿獨歩㩁頭榮耀一時傳子
平章事貞俊至孫門下侍郎文安公良鑑熙寧中使
大宗蘇東坡有詩相贈答名顯中朝歷平章事忠貞
公羞先中郎将光世金吾衛大將軍鏡良都元帥文
肅公周鼎曰深田承嗣曰精日宗行曰伯餘皆以戱
顯至子進復移居于羅州之南其子裹是生司諫
院司諫崇祖以文名于世公之曽大父也又發子孫
原建洞以就山水鄉祖諱紀益懋先業官至以文郎

書而報以身丁內艱諸李同盧吾未有以書弔而居
然數載矣誠不意夫初亞歷世之溷濁也百年知己
永相違矣千古文章就興論矣太初有弟以續其文
有子以繼其善則自餘悠悠可瞑目矣排之歿之終
始窮之者四一笑於地下是矣惟白髮之故人望天
涯而織辭昔山川而猶阻今九泉而何知顧平生之
心所常洞照而無憾庶厥誠之可徹想精靈之在黃
寓鶲絮於千里聊以舒夫余悲但先後於大歸終會
合之有期鳴呼哀哉

　　慶主金公大成墓碑銘

忽忽數十年間吾流漂西海無意還鄉而太初亦彈舍被擄牧羝日本盖其忠義之節為異齒所服篳人所嘆而反其全節而歸出力而排之者誰歟巧吾面毁之者誰歟嗚呼太初之生世初不偶然文章只為一代若將以賣儒王敵笑才局脫凡流咨將以弊裁世務矣辛惏出古道若將以感化惡人笑而文只為一家之言才不得以施於世薰其德而善良者亦無義人壽止於五十官止於卿僚則天之生此人何意寶此人何意不令壽此人亦何意於此人乃無意於此世也嗚呼自吾竄謫以来太初盖一致

內也正直醇粹之自立貪愚險狠之縱恣其所好不
同故取舍亦異天下善者必少而惡者多故正直醇粹
者則為人所惡而貪愚險狠者乃為人所好惡之也
則誹陷擠抑而使不得容迹好之也則獎餙振拂而
引之於世道朱輪華蓋光彩眩人間里慕之道路縈
之接跡而旁午者以類聚焉嗚呼善人之生世真亦
厄矣迨往丙戌丁亥之間湖南士頗一時盛會為一
國英後之域於是太初以弱冠之年沈觀得識種學
績文矯矯卓耳於吾儕矣及其世綱摧加董流星散
太初之家亦罹酷禍而太初孝悌之行自之益著矣

萬曆戊午秋冬之交友嶺外遷客友人其聞斯文姜太初之喪於道路將信而疑以為太初禀天地精粹之氣其生於此世天必有所為而生無所為而死遽是年十二月有鄉書天之意故終不以太初為死遽天地精粹之氣卷而歸矣天之有意於世亦難恃矣遂哭而慟之乃書而為文以來報則太初之死信矣

己未七月初三日致之于鄉居從孫㟺以雞黍薄具俾奠于吾亡友太初之靈曰嗚呼好惡者人之所必同也而有好善而惡惡者好惡而惡善者則人之性異也非人之本性有異也利禄鑠其外而貪慾煎其

也蜉蝣而不知所求猖狂而不知所往蓄得喪忘禍
福而不知天壤之間後有何樂可以代此則而述之
於逍遙可謂盡之矣後之繼而述之為斯邑者必效
民如而述好文辭如而述無一點塵埃查滓如而述
然後可以登此閣玩此景以會此心以續此千百載
遺歡隆賞不然傲然兀然宴樂是事使圖書左右
之所為貯妓女藏歌舞之地而無歉於細民使民之
過此閣者覽而述之作愚而述之德有若羊公陲淚
之碑則不亦污此閣者乎

祭瞻隱姜太初沅文

也然則而述之於貴賤榮辱得失進退無所適而不逍遙也故其成斯閣也彙飛之狀輪奐之義父老聚觀嘆天墜地設莫不贊嘆長言于廳衢而不以為之名蒼顏墨壁三面環擁有若承塵負扆朝霞夕霧卷舒萬變春花秋葉無不可愛而不以為之名南臨大海濤波接天鰲山出沒蜃樓明滅如在於枕席之下風帆浪舶渚翁沙鳥皆出于優偽之側向之鞭扑簿牒之庭今與滕王岳陽之觀較其優劣而不以為之名惟以徘徊自得之意摠而名之意而述之於逍遙可謂全其樂矣可謂無慕於外矣方其逍遙於是閣

適之謂也昔者莊周旣逍遙矣大鵬喻其大斥鷃喻
其小夫若朝菌而壽若大椿皆自得於天自適於小
大壽夭之域者也堯舜禹湯之於天下孔孟程朱之
於道學屈賈之於忠憤韓柳之於文章皆自適其適
而無暇乎外慕者也今而速早罷黜科屹于朝端聖
金門上至堂薇垣栢府皆所踐履而不以為意者由
其中有所得以恃之也落筆驚世同進者忌而徒篇
麗竹日揮萬紙者以文章逍遙也咫尺軒墀抗言直
辭而刀鋸鼎鑊百折不顧者以諫諍逍遙也一麾江
海斥窮巖邑而照寒濯痍俾民寧息者以政治逍遙

雜著

逍遙閣記

坡平尹君而述出宰花山之明年結構于衙軒之南命之曰逍遙閣而以書求記於余而述以妙年才子其文章直與楊玉廬駱軒上下而斯閤之作又有其文使人讀之飄飄有神仙之氣莫不抗其思於埃壒之外則夫豈借余以為記者哉而必欲求余上纂之文者豈非以余彷徉於逍遙之樂而韜相交者耶夫內有所得則外無所慕外無所慕則樂發揮之也夫內有所得則外無所慕外無所慕則樂有所全惟樂有所全然後能放意而自適逍遙者自

與我不次携何為乎汝胡不歸金童紫綬入玉堂金
馬捅踟蹰汝胡不歸五陵遊獵雪中斫斷千年孤
白頭書生太酸薄無用不殊魏王瓠胡為自來從我
為廳對盖欲護微軀人皆背面汝獨從世間惟汝長
無擧三時拂拭星斗文光芒照燭膽眉鬚南荒地遠
足妖恠況我介在千山隅龍蛇雜處虎豹獨有時獨
出驚為窮途釰乎釰乎汝守吾日日相對窮朝哺
將軍在海上與我有故憐我愚當今國家倚長城樓鉛
不征蠻西擊胡汝往見之增汝彩不待送還來須臾
嗚呼吾歸兩髮霜雪一身在與汝不妨歌為烏

七言古詩

古劍篇寄左水伯乞裝

古劍出自棠溪金輝彩躍騰昆吾爐冶人嘗欲倚天
外鋼乃避之飛入吳吳人未識神明物遂強名之曰
湛盧劍歿是焉隱不見八地千載雄雌俱精光夜夜
射天地氣凌九霄蟠雲攫星辰失躔走相避仰訴天
帝言區區帝謂神物不可制姑令暫出隨人徒人間
人物忽耿然劍無所歸卜夜呼我昔醉臥長江邊夢
有丈夫來相扶形神有似百鍊剛爽氣凜凜雄萬夫
我為之起一呼邪劍乃在傍身不孤呼嗟此挺天所

遊邊遂不歸一生隨聲鼓有技妙穿楊有力徤如虎
偏禪坐數奇竟莫紓簪組白髮只齗戶荒村嘆終寠
一疾竟難醫深情誰與吐平生首丘心錯莫棄草莽
二子春靈攔丹旐綠江滸衆衰去住心惘惘終何補
我言死生理天道人敢怒但當兩無憾餘不鄙無取
良辰勤去覲薄具聊出祖我亦瀕死人酒泣臨江浦

寄朴秀才遠基

草綠花事闌春陽正暄暖空樑燕語嬌小塘清水滿
校藜步庭除悵然懷我伴山中一投跡咫尺香信斷
孫夜荏風吹夢魂中道散寸陰當自惜歸來慰跂懶

色留自是騷人多感慨白頭吟望更悲歎

五言古詩

說申萬戶

有生覆載內　大抵歸于土
富貴不足喜　貧賤未為善
比如麗天日　大小皆氣聚
東西南北中　亦各有分主
運氣或非關　一朝隤如雨
頑醜化為石　紛爭何足數
此鞏雖景靈　初票二與五
逝者固如斯　何人久觀觀
忽忽南柯夢　孰能饗腥腐
為惡禍重地　為善福輕羽
但勿近名緣　督以為輔
至人洞至理　觀化為眾父
人生限百年　八十誰歌傴
此老湖西來　火日甚雄武

繁星牢落夜亭欹月沉江鴈叫汀鷖聲殘燈明半
壁蕭蕭病藥壜曾前塵自悲臨鏡頭全白未擬逢人眼
更青直北盡雲千里隔逐臣心事倩誰聽

守宵聞杜鵑

空山獨夜聽冤禽海外孤臣淚滿襟繞屋沙禽聲慘
淡滿山松柏氣蕭森霓翻嘆老終何補謂鶯傷時徒

一吟直北雲間瞻十極簡中心軍帝監臨

風詠亭次壁上韻

高亭一上暫忘涂滿眼湖山豁遠愁雨後烟消青章
片夜來波漲白鷗洲當邀我已歡情必題壁誰歎羨

長河乾坤不盡逍遙興無限人間化鶴沙

登淡雲臺

曉登高頂坐亭亭上下微茫一色青目出雲中分萬象天岳地外抱重溟群仙喜我真顏面獨鶴凌空聳翅翎咫尺蓬萊招不住自慚身世菩薩擇

龍堂後岩上暮坐

絕塞悲秋獨斷魂江村猶乎似鄉園三叉暮色兼天

余七點浮雲隔海門官渡有聲魚市散旅船無月夜

燈翻北辰空費中宵望老矣何時答 聖恩

僑居獨坐

途窮因見故人心嶺海山川費獨尋千里眼青新道
契十年頭白舊書林斗間紫氣元知匣鼎裡舟砂泰
化金簪壺天涯難再得莫嫌春酌夜沉沉

初秋獨吟

萬頃煙波一釣舟茅齋寄在小孤丘生涯繚繞秋無
愛身世巋危老更憂江月入簷凉滿室竹風穿戶冷
侵裯故山雲物應如昔何處逢人說壯遊

登海山絕頂

大麓高丘一瞥過手攜藜杖立嵯峨龍蟠滄海中天
雨鼇倒三山萬里波南極千臨分纏氣北辰回指扁

寄踈菴任茂叔叔英

任公罷釣去何之 破硯殘書好護持 萬古欽奇君自笑 一生潦倒我先知 黃花處處堪携酒 赤葉時時可寫詩 寂寞青山搖落盡 一節應與老僧期

寄錦里三猶子

龐濱淪謫已三年 春盡鄉書鴈不傳 萬國東邊安有地 滄溟南畔更無天 白頭敢望逢遲遠 黃卷惟希學聖賢 念汝高堂將鶴髮 此身何日拜堂前

踈菴來嶺南與諸公酬唱有作乃次其韻

洞蠻漸覺家鄉 從此近 弗堪回首淚潸潸

握手臨岐此去留楚江殘日淚橫流身名並厚生何用心事長違死即休只恨親朋長在目不關霜雪更添頭子孫裹飯今無繼吾骨誰收瘴海陬

過真石樓倍憶昔時事故末句及之
倡義諸公淺之地時危
方交群仙秘勝區雄藩材力占為樓鐵屋高擎衆麓
山峽水遙漫綠野流百戰忠魂餘舊恨一時詞客辦
豪遊臨江更有澄清志郤憶當年祖豫州

過八良峴

名山鹽屈嶺湖間形勝由來最險艱似有長城分限
界不知何地是門關春深草樹迷陵谷雨後雲烟鎖

帝閽東郭故人應似我可堪秋夜夢鄉園

　　新正寄裴伯尹顯世

新年消息待梅花卻到新年怕歲華短髮可能隨手鑷漫膺剛厭倩人爬籬邊裏柳紓黃色江上群鳧占白沙恐尺音書愁斷絕小窗吟對日西斜

　　寄裴伯

八月鼛殷玉露滋海天寥廓鴈來遲潮驅白馬鳴夷恨岸夾青楓愁客悲明月樓中勞遠憂烟波江上負佳期遙知嘯傲琴書靜倘駕熊軒慰所思

　　送尹顯世秩滿還京

萬事人間此日休百年多病更離憂天涯見月誰同
賞客裡逢君且暫留老去可堪花照眼興來羞見錦
纏頭明朝匹馬江郊路回首清遊一夢悠

奬達小堂

進退長慶亦命窮湘潭況復老青楓關天井落三千
丈得地田寬五百弓山水有緣詩自好家鄉無憂事
還空秋永准擬成茅宇快闢窗納遠風

霖雨寄成德夫

孤城積雨閉崇門萬事關心正斷魂漲潦遠連千里
海頑雲深掩數家村欲將生計輸真宰誰抱幽冤叫

波潮逢君欲恣旅泉賞其奈天涯白髮凋

贈清學上人

近來多病鬢如絲秋入郊原不賦詩
句通宵寂寞強抽思風搖紙閣青燈翳霧攪衫松白
露滋安得芒鞋從爾去妙香方丈更相期

答沈德顯 金去非粹地以詩相和錄寄

南客題詩贈所思飛騰句法兩雄奇道病更勵青雲
志和寡何嫌白雪詞鄉夢未成浮竹葉病吟端合寫
楢皮自慚裘白長牢落悵望滄波無限悲

贈琴娘

餘生萬死豈雙瞻絕塞登高意若何落木悲風淪瀚
遠白雲秋色古城多黃花笑孤臣淚獨鳥來聽遠
客歌釖戟山頭腸欲斷還將欹帽下嵯峨

和寄郊湖陳汝郁景文

憶在湖南水竹邊風流自許氣無前騎驢大野三冬
雪發挂滄江萬里煙錦石長開棄落酒小山曾賦莊
庄篇如今獨抱三湘恨羞見青天月正圓

次孫琴郊韻贈歆一沙彌

窗外寒梅影動搖曉看風色更蕭蕭開門喜見僧來
謁問路回瞻鳥去遙春草野橋三日雨夕陽江口萬

潮迴登臨總是思鄉客目極何心更把盂

江上次朴應休韻從弟云

三危放逐一孤臣明月扁舟夢水濱世路即今多塞
馬仙鄉何處有颶輪江山渺渺迷歸鴈心事茲茲向
故人半夜潮生風露冷莫嫌聯膝引衾頹

至月念一日見沈學而書 學而時為嶺伯

逐臣生事日蕭蕭華髮還將草木凋絕塞書來先說
夏僑居鳥入便疑妖窮山每聽中宵雨急峽長鳴萬
里潮明發一陽回暖氣故人應念武陵樵

九日共崔尹二老登城南小麓

七言律詩

送韓瑞還京

萬里逢君慶三年　笑語同眼窮天地
大詩歷險巀工　逆旅忽分袂江湖
更轉蓬　惟應松栢意歲暮不從風
雨餘空館意難平　鄉夢逢秋夜未成
病後江山新氣像　醉中朋伴舊心情
秦城杳杳雲千疊　楚峽蒼蒼月一
獨明萬里殘魂歧路別　不堪回首更吞聲

題黃山鄭亭

峽拆滄江窣崒來　晴虹受月向江開
蘆花兩岸煙霜暗　楓葉千山錦繡堆
倦鳥投林穿雨去　孤舟罷釣趂

秋日憶閔士尚聖徵時作判寧邊典鎮帥有郡故末句及之

鐵笛曾游地城池亂嶂間塢田多種秫蘩廐葵氣在西山

關塞秋應早湘潭淚獨潜頗聞枉駕處

同諸公暮向山寺

短鞭驅匹馬斜日向西峯衰草路無限青山雲萬重

傾危攀石磴憩息聽僧鐘入夜風生起龍吟澗底松

寄蓮江吳子英 大中

開說蓮江老臨江開竹扉藥盈秋畹羙魚上小溪肥

花落妨茶鼎鷗來認釣磯生涯猶自足莫恨故人非

寄尹而述 余以時而述罷歸邀余于仲吉別墅雨漲不果徃以詩逸寄

贈敬一沙彌僧持于鵠詩五首因之來見

病卧門常掩僧來手自開因閒話山水忽若憂天台
卷裡思吾友詩中憎爾才幽尋當有日春放澗邊梅

哭崔德興名弘載湖南人時爲
判官卒于官

共是湖南客追隨結襪時榮枯中道異得失兩心知
瘴郡經年別荒山獨夜悲那堪萬死後又作哭君詩

小沙同書榻中年嘆別離那知君宰日笏是我流時

海外俱華髮天涯獨絆羈可憐相望處無路送靈輀

半百存此後三年撫宁時病多無大藥愁極有深危

世上新知少臺中舊要遲天涯歸櫬遠一望更長悲

返照寒花山一隈 數莖叢竹更誰栽 鳳鳥不歸梧葉

落月明還待美人來 右竹梧

高亭一上解窮愁 墨竹屛風暮秋天 寄美人招不

得夕陽回首思悠悠 右待人

五言律詩

春日寄權時望 二首

此地春應至 南天月更明 居夷君子意 懷土小人情

花動舍愁藥 禽傳喚恨聲 封書望去鴈 雲外一哀鳴

夢入岫連天 立黃江接海 遙縈崖臨野 閉山雪向陽消

鸞意雷鳴曉 梅魂月挂宵 試看明鏡裡 華髮更蕭蕭

文章末廢大江流人世存亡又一秋莫向樽前悲舊
事眼中蒙落總堪愁

大意有可動念余亦與斐仲同歎
軌友也因相對淒然遂次其韻

題古寺

門前古樹凍無枝四面荒榛蔽路歧小雪滿庭寒殿
閉老僧時出護柴籬

寓居城東

空齋窵寂客來稀盡日深關向水扉多少別懷無處
訴落花亂蕊舞（一作春飛）

竹梧堂口呼次壁上韻

通度寺㴴病書敬禪上人軸

山僧知我好看山日暮山齋不掩關四面嵐嵐渾欲
盡東邊只有小峯巒
說有談空共一床夜深燈火照禪房無端送爾他山
去門外千峯已夕陽

送尹生墍還湖南

寂寞江郊雪擁扉凍梅踈竹對斜暉自憐衰病長牢
落未有新詩送子歸

次惺軒白丈韻留贈 趙斐仲作宰梁山時白丈來訪
斐仲即世巳四年矣與余共酌于婆碧亭則斐
仲壁上之句悵然作七言絶句感舊懷

次贈印遲師新正下山乞句
水雲蹤跡鶴形容住在名山第一峯飛錫可憐虛訪
話拋盡青燈耿未眠

我示知壽老作詩懺
次謝許巨源自京寄詩
把酒酣歌亦一時老來身事轉堪疑三江春盡蘋花
晚虛負黃昏夜美朝

題乞詩僧軸
住在山中慣見山山容不變白雲間禪心改與山相
似秋葉春花箏是閒

窓前昨夜響風雷夢覺池塘半倒開只有長松摧折
慶蒼髯白甲老龍頹

寄遠

山店孤烟分細縷野塘秋水起寒鱗夕陽送盡迎新
月只見牛羊不見人

秋曉觀海山

舞宙翔鸞自北來中天蹴破海濤迴扶桑萬里迎初
日翠霧紅雲錦繡堆

次李子敏安訥韻贈文慧師

轎酌臺前六一泉神魂疑入散花天故人詩句燕憎

附觀海遺稿

五言絕句

贈士欽

澗水鳴寒玉松風送遠濤禪窓一夜話證盡更須挑

次慶伯路上相待韻

昨日溪村別今朝淚滿衣那堪寒雨裡獨向楚江歸

贈別

七言絕句

古渡寒潮滿空山細雨來相看不忍別攜手淚沾臆

관해유고 영인

역자 | 임동철

문학박사
영동대학교 석좌교수
전 충북대학교 총장

역주 관해유고

초판 인쇄 2012년 6월 22일
초판 발행 2012년 6월 30일

저　　자	임　회
역　　자	임동철
책임편집	윤예미
발 행 처	도서출판 지식과 교양
등　　록	제2010-19호
주　　소	132-908 서울시 도봉구 창5동 262-3번지 3층
전　　화	02-900-4520 / 02-900-4521
팩　　스	02-900-1541
전자우편	kncbook@hanmail.net

ⓒ 임동철 2012 All rights reserved. Printed in KOREA

ISBN 978-89-94955-91-9 93810　　　　　　　　　　　　　정가 15,000원

저자와 협의하여 인지는 생략합니다. 잘못된 책은 바꾸어 드립니다.
이 책의 무단 전재나 복제 행위는 저작권법 제98조에 따라 처벌 받게 됩니다.

이 도서의 국립중앙도서관 출판도서목록(CIP)은 e-CIP홈페이지(http://www.nl.go.kr/ecip)에서
이용하실 수 있습니다. (CIP제어번호 : CIP2012002953)